# TENIR TÊTE

GABRIEL NADEAU-DUBOIS

# TENIR TÊTE

Photo de couverture: Mario Jean/MADOC

© Lux Éditeur, 2013
www.luxediteur.com

Dépôt légal: 4ᵉ trimestre 2013
Bibliothèque et Archives Canada
Bibliothèque et Archives nationales du Québec

ISBN (ePub): 9782895966661
ISBN (pdf): 9782895968665
ISBN (papier): 978-2-89596-175-8

Ouvrage publié avec le concours du Conseil des arts du Canada, du
Programme de crédit d'impôt du gouvernement du Québec et de la SODEC.
Nous reconnaissons l'aide financière du gouvernement du Canada par
l'entremise du Fonds du livre du Canada (FLC) pour nos activités d'édition.

*À ma mère et à mon père, qui m'ont transmis
leur amour des gens et de la justice*

*Toute l'histoire des progrès de la liberté humaine démontre que chacune des concessions qui ont été faites à ses nobles revendications ont été conquises de haute lutte. Là où il n'y a pas de lutte, il n'y a pas de progrès. Ceux qui professent vouloir la liberté mais refusent l'activisme sont des gens qui veulent la récolte sans le labour de la terre, la pluie sans le tonnerre et les éclairs : ils voudraient l'océan, mais sans le grondement terrible de toutes ses eaux.*

Frederick DOUGLASS

# INTRODUCTION

*Il vaut mieux aller plus loin avec quelqu'un
que nulle part avec tout le monde.*

Pierre BOURGAULT

Toute histoire a un commencement, et pour moi l'aventure du printemps 2012 débute le 12 juin 2009 lorsque j'ouvre le journal *Le Devoir*. En première page, un titre attire mon attention : « Vers de nouvelles hausses des droits de scolarité[1] ». L'article révèle que le plan de retour à l'équilibre budgétaire de l'Université du Québec à Montréal (UQAM) prévoit une hausse des frais de scolarité de 100 $ par année à partir de l'automne 2012. Claude Corbo, le recteur de l'université, affirme en entrevue s'être fié aux prévisions du gouvernement pour établir les siennes. Pourtant, les hausses en cours depuis l'automne 2007 devaient cesser après cinq ans. Il y a donc anguille sous roche. Au lendemain de cette annonce de l'UQAM, le cabinet de la ministre Courchesne nie tout, mais le mal est fait : le mouvement étudiant est alarmé.

---

1. Clairandrée Cauchy, « Vers de nouvelles hausses de droits de scolarité », *Le Devoir*, 12 juin 2009.

11

Je suis alors membre du comité responsable de la production de *L'Ultimatum,* le journal de l'Association pour une solidarité syndicale étudiante (ASSÉ), un syndicat étudiant alors méconnu, bien qu'il regroupe environ 40 000 étudiants dans une trentaine d'associations étudiantes. En une du numéro de la rentrée 2009, nous titrons en gros caractères: «Hausse des frais de scolarité en 2012? Un dégel n'attend pas l'autre». C'est le début d'un long travail de recherche, d'information, de mobilisation et d'escalade des moyens de pression qui culminera dans l'affrontement du printemps 2012. Mais en 2009, on ignore encore que nous mijotons un des plus gros conflits politiques qu'ait connus le Québec. Les marmites de l'histoire sont imprévisibles.

C'est en mars 2010, lors du dépôt du budget, que la hausse est confirmée. Deux jours avant l'annonce officielle, lors d'une allocution devant des gens d'affaires, le ministre libéral des Finances Raymond Bachand a soutenu que ce budget serait une véritable «révolution culturelle». Le ministre n'ignore quand même pas que cette expression désigne un épisode sombre de l'histoire de la Chine communiste, lors duquel intellectuels et universitaires ont été humiliés et massacrés par milliers. On se demande, non sans effroi, quel message le ministre des Finances veut envoyer aux étudiants en qualifiant ainsi les hausses de tarifs qu'il s'apprête à leur asséner. Le virage radical qu'il annonce ne sort pas de nulle part. Durant les mois précédents, le gouvernement Charest a mandaté un comité d'experts[2] pour qu'il pose un diagnostic sur l'état de l'économie et des finances publiques de la province. Ceux-ci, du haut de leur statut d'économistes, ont conclu sans surprise que le modèle québécois est moribond. Leur rapport reprend essentiellement les thèses émises cinq ans plus tôt – au lendemain de la grève étudiante du printemps 2005 – dans le « Manifeste pour un Québec lucide » de Lucien Bouchard. Selon eux, nous vivons au-dessus de nos moyens. Le « retard économique » du Québec, le poids incommensurable de sa dette publique, la concurrence mondiale féroce et l'obligation dogmatique de maintenir l'équilibre budgétaire rendent impossible le financement collectif des services publics. Les lucides ne nous laissent qu'une alternative : adhérer à leur programme ou faire faillite dans de terribles souffrances.

C'est sur ce constat que Raymond Bachand s'appuie, en mars 2010, pour défendre son budget révolutionnaire, qui annonce une hausse des tarifs d'électricité et des frais de garde, ainsi que l'instauration d'une taxe santé. Nous ne pouvons plus nous permettre le statu quo, répète-t-il sur toutes les tribunes. Au cœur de ce modèle vieillot qu'il s'agit de déconstruire se trouvent les universités. En effet, le budget prévoit aussi une hausse significative des frais de scolarité, à partir de l'automne 2012, sans

---

2. Le comité consultatif sur l'économie et les finances publiques, mis sur pied et présidé par Raymond Bachand dans le cadre de sa consultation prébudgétaire 2010-2011, était composé de quatre économistes aux orientations idéologiques bien connues : Pierre Fortin, Robert Gagné, Luc Godbout et Claude Montmarquette.

en préciser le montant. Le gouvernement affirme qu'il rencontrera les « partenaires » du milieu universitaire dans l'année à venir pour discuter de cette modalité.

Les troupes de Jean Charest ont dû regretter amèrement cette annonce hâtive. Elles ont péché par excès de confiance en laissant ainsi près de deux ans au mouvement étudiant pour fourbir ses armes. La confirmation officielle de la hausse des frais de scolarité n'a fait qu'accélérer la mobilisation étudiante – à tout le moins dans les rangs de l'ASSÉ.

Quelques semaines après le dépôt du budget Bachand, je suis élu au conseil exécutif du syndicat étudiant, comme secrétaire aux communications. À l'époque, le travail militant n'a pas le côté *glamour* qu'il prendra au plus fort de la grève. La distribution de tracts, les tournées de classes et la sensibilisation se font le plus souvent dans l'indifférence générale, quand elles ne suscitent pas carrément le mépris. Le 6 décembre, en pleine tempête hivernale, l'ASSÉ réussit malgré tout à mobiliser plusieurs milliers de personnes à Québec, en marge de la Rencontre des « partenaires » universitaires organisée pour déterminer le montant de la hausse des frais. Conscient que l'exercice ne vise qu'à appliquer un vernis de légitimité politique sur une décision déjà prise, et conséquent avec sa défense de la gratuité scolaire, le congrès de l'ASSÉ décide de boycotter l'événement. Le jour de la manifestation, les deux autres organisations étudiantes, les fédérations étudiantes universitaire et collégiale du Québec (la FEUQ et la FECQ), en arrivent à la même conclusion et claquent la porte. Dans les rues de la capitale, la mobilisation étudiante dépasse les attentes : nous revenons à Montréal les orteils gelés et le cœur rempli d'espoir.

Au printemps 2011, Bachand joue le dernier acte de la comédie libérale en annonçant une hausse de 1 625 $ étalée sur cinq ans. La réaction est rapide. Fin mars, l'escalade des moyens de pression franchit une autre étape. Une journée de débrayage est votée dans plusieurs des campus affiliés à l'ASSÉ et plusieurs milliers d'étudiants en colère défilent dans les rues de Montréal. En parallèle, quelques occupations de bureaux stratégiques ont lieu. Je suis déjà porte-parole à l'époque, et je suis frappé par l'indifférence généralisée à l'égard de nos demandes. Je martèle dès que j'en ai l'occasion que nous envisageons la grève générale illimitée si le gouvernement libéral ne nous répond pas. Silence radio. On nous ignore.

Nous profitons de l'été pour poursuivre les préparatifs : formations des militants, congrès et préparation du matériel de mobilisation nous occupent à temps plein. À la suite d'une grande rencontre des associations étudiantes québécoises, un appel est lancé pour une manifestation unitaire le 10 novembre 2011. Dans les organisations nationales, les débats sont nombreux et tendus. À la surprise générale, l'événement a lieu et toutes les attentes sont dépassées : près de 30 000 étudiants déferlent dans les rues de Montréal sous la pluie et malgré le froid. Partout au Québec, des journées de grève sont votées. Les porte-parole étudiants réitèrent dans les médias qu'ils veulent être réellement consultés au sujet de la hausse. À la suite d'une résolution en ce sens, je réclame en tant que porte-parole de l'ASSÉ une rencontre entre le gouvernement et les associations étudiantes pour éviter le recours à la grève.

La manifestation du 10 novembre est notre dernière chance d'être entendus par le gouvernement. Pourtant, face à cette démonstration de force étudiante, ce dernier n'offrira que son mutisme en guise de réponse. Ce jour-là, je comprends, comme des dizaines de milliers d'autres étudiants, qu'il va falloir faire grève. Tous les autres moyens de pression ont échoué, et il ne nous reste plus qu'une session, celle du printemps, pour bloquer la hausse. Ou bien on entre en grève, ou bien on accepte passivement la hausse et tout ce qu'elle implique. Il n'y a aucune autre option. Le 4 décembre, l'ASSÉ élargit ses rangs à l'ensemble des associations étudiantes du Québec, peu importe leur affiliation. Plusieurs d'entre elles s'y joindront, pour le temps que durera le conflit. La Coalition large de l'ASSÉ, la CLASSE, est née. Son rôle dans la grève sera déterminant.

L'enjeu officiel de l'affrontement qui vient, c'est la hausse des frais de scolarité, mais les deux camps savent que ce conflit engage des valeurs autrement plus fondamentales. Les libéraux sont conscients de la radicalité de leur réforme, et ils savent qu'en triomphant des étudiants, ils écarteront de leur chemin un redoutable adversaire. Depuis 40 ans, le mouvement étudiant québécois a été un fervent défenseur du projet de société avec lequel les libéraux veulent en finir. Une défaite des étudiants enverrait un message fort aux mouvements sociaux, en particulier au mouvement syndical, quant à la détermination du gouvernement à aller de l'avant avec son programme néolibéral. À l'inverse, une victoire étudiante ralentirait – à tout le moins pour quelque temps – la « révolution culturelle » de la droite. Les deux camps ont amorcé la grande lutte du printemps 2012 pleinement conscients de ce qu'ils avaient à y perdre.

*

\* \*

J'ai écrit ce livre pour réfléchir à ce que cette grève a révélé de nous-mêmes, pour méditer sur la manière dont elle a transformé nos vies, et notamment la mienne. Le récit qui suit n'est ni celui du mouvement étudiant ni celui de la CLASSE. À l'intérieur même de la coalition que je représentais publiquement, j'appartenais à une tendance politique à laquelle des militants ont reproché son pragmatisme, son souci de l'image publique. Tout cela teinte ma lecture de la grève, qui n'est donc pas un récit officiel. C'est mon récit, celui de quelqu'un ayant passé l'essentiel de la grève dans les réunions des instances de la CLASSE et sur les tribunes médiatiques. Ce point de vue en vaut un autre. Mais d'où je me trouvais pendant les événements du printemps, la perspective était pour le moins singulière. J'ai cru qu'il n'était pas sans intérêt de la partager.

Sur la grève étudiante du printemps 2012, une foule de récits pourraient être écrits – et j'espère qu'ils le seront – par des militants ayant vécu de manière très différente cette mobilisation unique. Le mouvement étudiant était pluriel. Il faudra donc se méfier dans les prochaines années de ceux qui voudront s'en approprier exclusivement le sens. Mais si personne n'a le monopole de la vérité dans cette histoire, cela ne doit pas nous empêcher pour autant de tenter de la comprendre. C'est du dialogue entre les différentes interprétations de cette grève que naîtra son sens historique, et ce livre n'est rien de plus que ma contribution à cet indispensable effort de compréhension. Mon essai porte un regard en arrière, mais ce qui m'intéresse vraiment, c'est l'avenir. Je suis trop jeune pour les commémorations, et cette grève n'est pas encore un artefact pour les musées. J'ai l'intime conviction que la crise sociale de 2012 n'a pas dit son dernier mot, qu'en revisitant ses moments charnières, qu'en acceptant de « descendre dans le réel », pour parler comme l'historien Jean-Marie Fecteau, on trouvera de quoi inspirer les actions politiques que nous devons encore mener.

Mais pour ce faire, il faut aller au-delà des images spectaculaires que l'on a trop vues à la télévision. « La respectabilité, ce n'est pas une image. C'est ce à quoi on arrive quand, après des années, on se retrouve fidèle à ses objectifs du début, fidèles à ses principes du début et fidèles à ses rêves du début. Voyez-vous, ce qui n'est pas respectable aujourd'hui peut l'être demain, aussi bien chez les hommes que pour les idées », lançait Pierre Bourgault lors d'un de ses discours les plus célèbres. Pour de nombreux Québécois, la grève étudiante n'a pas été respectable. Elle a dérangé les gens, bousculé les certitudes. Par moments, j'ai même senti que c'était le principal reproche qu'on nous adressait: peu importe l'issue, il fallait tout simplement que le tumulte cesse. Les étudiants n'ont pas cédé à cette panique. Ils n'ont pas succombé aux injonctions des faux raisonnables. On les a frappés, mais ils n'ont pas plié l'échine. Ils ont eu suffisamment confiance en eux pour ne pas croire tout le mal qu'on a dit de leurs espérances. Ils ont refusé de croire que taire les problèmes et fuir les conflits était la manière de les surmonter. Ils ont peut-être redonné au débat politique ses lettres de noblesse. Ils ont sans nul doute redécouvert une habitude que nous avions perdue au Québec: tenir tête.

# TROIS ASSEMBLÉES GÉNÉRALES

# CHAPITRE 1

# À DOUZE VOTES PRÈS

*Rien n'est trop difficile pour la jeunesse.*

SOCRATE

*Aujourd'hui, ici, au Cégep de Valleyfield, l'Histoire vous regarde. L'Histoire vous regarde et vous place devant un choix : y faire votre marque ou non. On se souviendra du geste que vous poserez aujourd'hui. La décision que vous prendrez dira aux générations futures qui nous étions. Et vous savez déjà ce qu'on dit aujourd'hui de notre génération. On dit que nous sommes la génération du confort et de l'indifférence, la génération du cash et des iPod ; que nous sommes individualistes, égoïstes ; qu'on se fout de tout, sauf de notre nombril et de nos gadgets. Vous êtes pas tannés d'entendre ça ? Moi je le suis. Ça tombe bien, aujourd'hui on a la chance de prouver que c'est faux, que ça a toujours été faux.*

*Je vais m'arrêter ici, mais juste avant je veux vous faire une confidence. Je ne veux pas faire la grève. J'ai peur de faire la grève. J'ai l'air bien confiant devant vous mais, vous savez, moi aussi c'est ma première grève. J'étais pas là, en 2005. J'ai les mêmes craintes que vous. Je n'ai aucune idée de ce qui m'attend dans les prochaines semaines.*

*Mais je vais la faire pareil, la grève. Je veux pas faire la grève, mais je vais la faire, parce que je sais que c'est ensemble qu'on est forts. Parce que même si, seul, j'ai peur, je sais qu'ensemble, on peut y arriver. Je vais la faire la grève, le Québec va la faire et j'espère que vous la ferez avec nous. Parce que je veux qu'ensemble, on bloque la hausse.*

C'est sur ces mots que j'ai terminé mon discours devant l'assemblée générale de l'Association étudiante du Collège de Valleyfield, le 7 février 2012. Ce n'était certainement pas le meilleur ni le plus retentissant. Mais parmi les quelques discours que j'ai prononcés dans ma vie, aucun ne m'a semblé aussi important ni si difficile à prononcer.

Ce mardi-là, les étudiants du Collège de Valleyfield étaient réunis dans l'auditorium de leur cégep pour décider s'ils allaient ou non décréter une grève générale illimitée. Ils étaient les premiers collégiens à devoir choisir. Je le savais, nous le savions tous : le premier vote de grève collégial est le vote le plus important, le plus décisif. Dès le lendemain, ce serait au tour des étudiants du Cégep Marie-Victorin, à Montréal, de se prononcer. Suivraient les votes de Mont-Laurier, de Matane, du Vieux-Montréal et ainsi de suite pendant des semaines. Si le vote de Valleyfield rejetait la grève, les conséquences sur le mouvement promettaient d'être désastreuses. Un tel signal de démobilisation pouvait fort probablement inciter les autres associations à rester en classe. On craignait l'effet domino.

Conscient de ce qui était en jeu, j'étais paralysé par le stress.

Nous étions tous hantés par l'échec de 2007. Cette année-là, les étudiants faisaient face à une hausse de 30 % des frais de scolarité. Or, après quelques votes de grève positifs dans les universités, les cégeps avaient massivement refusé de se joindre au mouvement de débrayage. Le Vieux-Montréal, première institution collégiale à passer au vote, bastion historique du mouvement étudiant, avait choisi de rester en classe. Le coup avait été fatal pour un mouvement de grève qui peinait déjà à se mettre en marche. Dans les jours et les semaines qui avaient suivi, les votes de grève avaient été rejetés les uns après les autres. La grève n'avait pas pu prendre son envol, et s'il est difficile de connaître avec certitude la cause de cet échec, ses conséquences, elles, sont évidentes. Entre 2007 et 2012, les frais de scolarité ont été augmentés de 30 %, dans l'indifférence générale[1], et c'est sur cette apathie que misaient les libéraux en annonçant une nouvelle hausse de 75 % entre 2012 et 2017.

L'expérience nous avait appris l'importance stratégique des cégeps. Ceux-ci sont en effet régis par une loi qui impose des sessions de 82 jours d'enseignement. En théorie, chaque jour de grève doit être entièrement récupéré, ce qui rend virtuellement impossible l'annulation des sessions.

---

1. Pour preuve, durant la grève de 2012, les médias ont décrit la hausse proposée comme un « dégel » des frais de scolarité. Malgré l'insistance des organisations étudiantes, cette erreur a rarement été corrigée. C'était pourtant faux : les frais étaient dégelés au Québec depuis cinq ans.

Comment, en effet, faire reprendre leurs cours à des dizaines de milliers d'étudiants, alors que les cégeps de l'île de Montréal sont déjà pleins et qu'une nouvelle cohorte en provenance du secondaire y entre chaque automne? Non seulement le nombre d'étudiants au cégep est-il important, mais le mode de fonctionnement de ces établissements exerce une pression économique, bureaucratique et juridique sur la classe politique. Une grève sans les cégeps ne fonctionnerait pas. Nous le savions. Un résultat négatif à Valleyfield risquait de mettre du plomb dans l'aile de la mobilisation collégiale, nous le savions aussi. Nous ne pouvions donc tout simplement pas perdre ce vote.

Les militants de ce cégep étaient motivés et avaient des arguments solides, mais l'expérience leur manquait. Le dernier débrayage à Valleyfield ayant eu lieu en 2005, aucun membre de l'association étudiante n'avait donc déjà organisé d'assemblée générale de grève. Pour toutes ces raisons, selon le calendrier établi par l'équipe nationale de mobilisation de la CLASSE, Valleyfield devait faire partie de la deuxième vague de cégeps à entrer en grève. Ce cégep était censé suivre le mouvement, pas le démarrer. Ce plan avait été chambardé lors de l'assemblée générale précédente, alors que plusieurs dizaines d'étudiants contre la grève avaient forcé l'exécutif local à tenir le vote deux semaines avant la date prévue. Ils savaient bien que plus tôt le vote se tiendrait, meilleures seraient les chances que leur option l'emporte, parce que l'appel à la mobilisation aurait moins circulé, mais surtout parce que le mouvement de grève n'aurait pas encore pris son élan.

Valleyfield était donc devenu une priorité nationale pour la CLASSE : chaque jour, des étudiants des quatre coins de la province étaient allés prêter main-forte aux militants locaux, afin d'informer au mieux la population étudiante de l'importance du scrutin à venir. Du matin au soir, les équipes de mobilisation avaient parcouru les couloirs et les locaux du cégep ; des milliers de journaux et de tracts avaient été distribués. Toutes les excentricités étaient permises pour attiser l'intérêt des étudiants : les militants de l'association avaient même installé devant leur local un « divan de la grève ». Le concept était simple : n'importe quel étudiant pouvait s'y étendre pour « exprimer » ses craintes par rapport à la grève. Les militants de l'exécutif et du comité de mobilisation se relayaient, si bien qu'il y avait en permanence quelqu'un pour accueillir ceux qui ressentaient le besoin de parler. Durant les deux semaines précédant le vote, à Valleyfield, la mobilisation passait avant le sommeil. Je ne crois pas avoir déjà vu une campagne de mobilisation aussi intense et aussi angoissante. Je le répète, car c'est fondamental : nous ne pouvions pas perdre Valleyfield.

Lorsque je suis arrivé sur place, quelques heures avant le vote, la tension était à son comble dans les locaux de l'association. Le campus était « saturé », pour reprendre l'expression militante consacrée. Après deux semaines de travail intense, il était pratiquement impossible de trouver un étudiant qui ne soit pas au courant de la tenue de l'assemblée.

À l'aube, on en peaufinait encore l'organisation. Rien ne pouvait être laissé au hasard. Au centre de la pièce, entouré des militants locaux, mon collègue Maxime animait tant bien que mal la petite réunion. Certains s'interrompaient machinalement. D'autres cognaient des clous. Ils étaient épuisés. Ils avaient passé la nuit à planifier l'assemblée, minute par minute. Les propositions avaient été réparties, les arguments détaillés sur des fiches : chacun savait exactement quoi dire et quand le dire. Dispersés dans le local de l'association étudiante, les militants répétaient leurs interventions et se corrigeaient mutuellement, oubliant la fatigue et l'anxiété. L'un devait répondre aux arguments fiscaux, l'autre ferait un rappel des victoires du mouvement étudiant québécois, un autre se concentrerait sur la question de l'accessibilité aux études.

Quant à moi, on m'avait demandé de prendre la parole en début d'assemblée. En arrivant au cégep, j'avais déjà en tête l'essentiel de mon discours, mais dès que je suis entré dans le local, j'ai compris qu'il me faudrait le réécrire. Maxime, un ancien de Valleyfield qui était là en 2005, aurait voulu faire une intervention, mais après deux semaines de mobilisation intense sur le campus, il avait déjà convaincu tous ceux qu'il pouvait convaincre, il le savait bien. Cela ne l'empêchait pas d'avoir une idée précise de ce qui devait être dit. Dans le stress, nous avons réécrit ensemble tout mon discours : « Parle avec ton cœur, sois honnête, m'a-t-il dit. Les gens veulent sentir que tu es un de leurs. Il ne faut pas nier que la grève est un peu imprévisible, il faut juste rappeler qu'elle nous donne le pouvoir de changer les choses. Dis-leur que c'est ta première grève.»

Nous nous sommes ensuite dirigés vers l'auditorium qui se remplissait progressivement. Dans une salle d'une capacité de 800 personnes, près de 1 000 étudiants et étudiantes s'étaient amassés, occupant le moindre recoin disponible, envahissant jusqu'à la scène. Les membres de l'exécutif local, assis autour de Maxime, révisaient frénétiquement leurs notes. Le président de l'assemblée s'est installé à l'avant. Tout était prêt. L'assemblée pouvait débuter. Après quelques propositions procédurales, un des membres a déposé la proposition de grève et j'ai pris la parole.

*Avant tout, je crois qu'il est important de se rappeler pourquoi nous sommes ici aujourd'hui, pourquoi nous sommes contraints de parler de grève. Nous sommes ici parce que nous faisons face à l'une des plus grandes menaces à l'accessibilité aux études de l'histoire du Québec. Nous faisons face à une augmentation de 75 % des frais de scolarité universitaires. Ce n'est pas banal, ce n'est pas rien. Il faut se rappeler que cette augmentation s'ajoute à celle qui a déjà été appliquée par le gouvernement libéral de Jean Charest en 2007. Ce qui fait que si nous acceptons cette nouvelle hausse, les frais de scolarité auront plus que doublé depuis l'arrivée au pouvoir de ce gouvernement.*

*La question est donc: pourquoi veulent-ils augmenter nos frais de scolarité? On nous dit que c'est parce que les universités manquent d'argent, on nous dit que c'est inévitable, qu'il faut bien les financer et qu'il n'y a d'argent nulle part ailleurs que dans nos poches. C'est drôle, parce que moi, de l'argent, j'en vois pas mal au Québec. Juste dans les universités, il me semble qu'il y en a pas mal. En tout cas, il y en a assez pour en gaspiller en mauvaise gestion, en publicité, en béton et en dépenses de luxe pour les recteurs. Pis au gouvernement aussi il me semble qu'il y en a pas mal, de l'argent. En tout cas, il y en assez pour distribuer des cadeaux aux amis du parti, pour faire des cadeaux aux minières qui vont profiter du Plan Nord, il y en assez pour baisser les impôts des grandes compagnies et des plus riches. C'est drôle, de l'argent, on dirait qu'il en manque juste quand on veut bien qu'il en manque.*

*De l'argent, il y en a au Québec. Non, la hausse des frais de scolarité n'est pas inévitable. La hausse, ce n'est pas une fatalité comptable, c'est un projet politique. Un projet qui se fait sur notre dos. Qu'est-ce qu'on va faire avec ça?*

J'étais tellement tendu que je n'ai presque aucun souvenir de ce moment. Si je suis en mesure de retranscrire ce discours, c'est seulement parce que j'en ai gardé une copie, un morceau de papier froissé, malmené par mes mains stressées. Ce dont je me souviens très bien par contre, c'est du débat fiévreux qui a suivi.

La période de discussion a été émotive et acrimonieuse. Sachant que le vote serait serré, l'exécutif avait déposé une proposition prudente. Si elle était adoptée, le débrayage exclurait l'ensemble des stages, afin de ne pas pénaliser indûment les étudiants de programmes à cheminements particuliers qui, s'ils rataient leurs stages, devraient les reprendre l'année suivante. Or, pour saisir l'opportunité qui s'offrait à eux de se retirer du mandat de grève, des étudiants de plusieurs programmes techniques se sont présentés tour à tour au micro pour déposer des amendements visant à exclure leurs programmes du mandat de grève. Pendant près de deux heures, l'assemblée a voté sur des amendements de ce genre. Chaque fois, quelqu'un de l'exécutif se présentait au micro pour rappeler que la grève est un moyen d'action collectif dont le sens et l'efficacité reposent justement sur son caractère rassembleur. L'exécutif n'a pas cessé de souligner que les professeurs responsables de chaque programme d'études avaient été consultés, afin de s'assurer que la grève n'aurait aucun impact majeur sur le parcours à long terme des étudiants. Ces procédures prolongeaient l'assemblée, les gens s'impatientaient, râlaient. Plusieurs insistaient pour qu'on passe au vote. Ironiquement, ceux et celles qui pestaient le plus étaient les responsables de l'étirement des débats, ceux qui déposaient toutes ces demandes d'exception au mandat de grève. Finalement, après plus de trois heures d'assemblée, l'heure du vote est arrivée.

Constatant la vive tension qui régnait dans la salle et craignant l'intimidation de la part des opposants à la grève, un membre du conseil exécutif de l'association étudiante s'est présenté au micro pour demander la tenue d'un scrutin secret. La proposition a été appuyée et soumise au vote de l'assemblée. Un de ceux qui s'étaient démarqués par leur leadership dans le camp des opposants à la grève s'est alors présenté au micro pour demander au président d'assemblée si le scrutin secret prendrait plus de temps que le vote à main levée. Ce dernier a répondu que le conseil exécutif avait préparé le matériel nécessaire pour ce mode de consultation, mais que, bien entendu, cela serait plus long : il faudrait que les participants de l'assemblée votent un à un, puis que les résultats soient dépouillés. Celui qui était au micro s'est donc opposé à la proposition parce qu'il voulait en finir au plus vite. « Je suis écœuré pis je veux rentrer chez nous ! » a-t-il laissé tomber, déclenchant une vague d'applaudissements et de cris d'approbation. Dans les minutes qui ont suivi, et à la surprise de l'exécutif, la proposition de vote secret a été rejetée : le vote se ferait donc à main levée.

Le président a ensuite officialisé la proposition de débrayage avant de demander le vote : « Ceux et celles qui sont en faveur de la proposition, veuillez lever votre carton de vote maintenant. » Plusieurs centaines de petits cartons orange se sont mis à danser fébrilement dans les airs. Difficile de dire s'ils étaient en majorité. Le président a longuement fixé la salle, puis il a enchaîné : « Ceux et celles qui sont contre la proposition, veuillez lever votre carton de vote maintenant. » D'autres cartons orange ont bondi à leur tour, également en très grand nombre. Une rumeur a traversé la salle : il était impossible de savoir quel camp l'avait emporté. À l'œil nu, on ne distinguait aucune majorité nette. Le président a donc invité deux étudiants en faveur de la grève et deux étudiants qui s'y opposaient à le rejoindre en avant, puis il les a invités à compter individuellement le nombre de voix pour chaque option. Reprise du vote : « Ceux et celles qui sont en faveur de la proposition, veuillez lever votre carton de vote maintenant.» Décompte. Puis: «Ceux et celles qui sont contre la proposition, veuillez lever votre carton de vote maintenant.» Décompte. Puis le président s'est adressé à l'assemblée: «Les quatre étudiants m'ont tour à tour livré des données semblables, qui indiquent un même résultat. Pour la proposition: 460 votes. Contre la proposition: 448 votes. Une abstention. La proposition est adoptée à la majorité.»

Une immense clameur s'est élevée. Instinctivement, Maxime et moi nous sommes tournés l'un vers l'autre. «On est en grève!» criait-t-il en me regardant les yeux pleins d'eau, les bras en l'air. J'ai enjambé les rangées de sièges qui nous séparaient et je lui ai sauté dans les bras. «On est en grève! On est en grève!» répétait-il. Douze votes, nous avions gagné par douze votes. C'était presque impossible, tant c'était serré. J'étais survolté, extatique, comme tout le monde autour de moi: partout dans la salle, les gens se faisaient des accolades. Il y avait ceux qui hurlaient de joie, sautaient, pleuraient, et d'autres qui s'enfermaient dans leur silence, complètement assommés, ou qui quittaient rapidement la salle.

Or, l'assemblée n'était pas officiellement terminée. Les opposants à la grève, ayant encaissé le coup, recouvraient tranquillement leurs esprits. Le président tentait de ramener l'ordre. Peu à peu, certains regagnaient leurs sièges, pendant que d'autres quittaient la salle en rageant. Dans le tumulte, un étudiant s'est présenté au micro pour demander une reprise du vote... à bulletin secret. La salle s'est figée. Un lourd silence s'est abattu sur l'assemblée : avait-on crié victoire trop tôt ? Le président d'assemblée était visiblement embarrassé. Il hésitait à recevoir formellement la proposition, mais pouvait-il faire autrement ? S'il était possible, en théorie, d'adopter une proposition de reprise immédiate du vote, dans les circonstances, cela était plus que problématique : le vote avait eu lieu quelques minutes plus tôt et, dans l'intervalle, plusieurs dizaines de personnes avaient quitté la salle. Le débat a tout de même été lancé. Quelques opposants à la grève ont pris la parole pour réclamer une reprise, arguant que l'écart était trop serré pour que le résultat soit valide. Des partisans de la grève ont rétorqué que le vote serait faussé s'il était repris, puisque le nombre de personnes présentes avait drastiquement diminué. La confusion était à son comble, personne ne pouvait prédire le résultat d'une reprise de vote. Puis, un jeune homme opposé au débrayage, celui qui avait incité à rejeter la proposition de vote secret, s'est présenté au micro. Il s'est adressé presque directement à la section de la salle où étaient assis la majorité des opposants à la grève : « Écoutez gang, on a battu la proposition de vote secret, pis on a perdu. Faut l'accepter. C'est juste un mandat de grève d'une semaine. On a juste à revenir la semaine d'après pis à gagner. » J'ai senti un grand malaise s'emparer de la moitié de la salle : on commençait à se rendre compte qu'il faudrait accepter le résultat du vote.

Le président de l'assemblée, sortant de sa torpeur, est alors intervenu : « Considérant que plusieurs dizaines de personnes ont quitté la salle après le vote initial, après réflexion, je considère que toute reprise de vote serait une atteinte à la décision précédente de l'assemblée. La seule proposition que j'accepterai à partir de ce moment sera donc soit un appel de cette décision, soit une proposition de fermeture de l'assemblée. » Dans une ultime tentative pour briser le vote de grève, quelques étudiants ont déposé une proposition contestant la décision du président d'assemblée, mais celle-ci a rapidement été battue. Finalement, près de quatre heures après son ouverture, on a déclaré l'assemblée close. Valleyfield était en grève : victoire.

L'auditorium s'est vidé, paisiblement. Même si la confusion et les imbroglios procéduraux ayant suivi l'adoption de la proposition de grève avaient quelque peu dilué notre enthousiasme du départ, nous prenions progressivement la mesure de ce qui se produisait : un premier cégep venait de voter en faveur de la grève. Et pas le moindre. Après deux ans de préparation et de mobilisation, on y était. Non sans une certaine inquiétude : 12 votes de moins et ç'en était fait de la mobilisation.

Dès le lendemain, 1 800 étudiants du Cégep Marie-Victorin adoptaient un mandat de grève générale illimitée à 78 %. Puis est venu le tour de l'association étudiante du Cégep Mont-Laurier de voter le débrayage, avec un résultat convaincant de 58 %. La grève démarrait.

Encore aujourd'hui, je ne sais pas ce qui serait arrivé si nous avions perdu ce premier vote au Collège de Valleyfield. J'ignore si le mouvement aurait pu prendre son essor. Ce qui est clair, c'est que son déroulement aurait été significativement différent. Cette grande grève, une majorité de Québécois l'a vue surgir de nulle part. Ce que l'histoire de ce vote montre, c'est que cette déferlante a des origines passablement fragiles et incertaines, des débuts qui, d'emblée, sont moins spectaculaires que les images de centaines de milliers de jeunes défilant dans les rues, ces rassemblements époustouflants que la télévision allait diffuser tout au long du printemps 2012. Au départ, cette grève n'avait rien de spontané, contrairement à ce que se sont plu à raconter certains commentateurs enthousiastes. Elle a été, au contraire, le fruit d'un long et souvent pénible effort de mobilisation accompli par une poignée de militants. Des étudiants et des étudiantes qui ont souvent dû faire abstraction du mépris de leur propre entourage, pour aller d'un campus à l'autre, visiter cégep après cégep, afin de rappeler l'importance de la lutte pour l'accessibilité aux études, mais aussi pour défendre l'intégrité et l'indépendance de nos institutions d'enseignement face aux projets mercantilistes des libéraux. La voiture d'un membre du comité de mobilisation nationale, pour ne donner qu'un exemple, a parcouru 60 000 km en quelques mois, une fois et demie la circonférence de la terre. Ce sont ces personnes qui, dans chaque assemblée, ont fait la différence entre la grève et l'acceptation passive de la hausse des frais de scolarité.

Le déclenchement de la grève a ouvert un formidable espace de créativité : on a vu apparaître des initiatives artistiques et militantes originales, colorées, qui ont donné l'impression qu'on assistait à un soulèvement spontané de la jeunesse québécoise.

Des intellectuels, des blogueurs et des artistes se sont réjouis de cette colère et de cette imagination politique à leurs yeux d'autant plus soudaines qu'ils ne les espéraient plus. Trop souvent, on a oublié que tout cela a été rendu possible par un travail passablement plus terne et répétitif de mobilisation, un militantisme considéré par plusieurs avec dédain. Quoi qu'en disent les amateurs de sensations fortes, la grève n'était pas une œuvre d'art, un événement seulement expressif. La beauté, l'inventivité et la spontanéité du printemps 2012 nous ont tous émus, mais rien de tout cela n'aurait été possible sans le travail acharné des militants qui sont restés dans l'ombre. On peut à juste titre s'émerveiller de ce formidable moment politique, mais si on oublie les efforts qui ont été déployés pour le mettre au monde, ces éloges tourneront rapidement à vide et surtout, on court le risque de ne plus vivre de tels événements.

Je ne nie pas qu'à un moment donné, dans ce long printemps, il y a bel et bien eu un basculement, un saut qualitatif qui nous a fait entrer dans un espace politique imprévisible, unique. Cette grande grève se déploie sur un spectre complexe dont les multiples facettes s'observent, se scrutent sous plusieurs angles, mais ce sont les militants et militantes de la première heure qui l'ont tout d'abord rendue possible. Il faut saluer l'effort de ces étudiants et étudiantes dont l'énergie et les efforts ont été une condition absolument nécessaire – bien que non suffisante, j'en conviens – à l'ouverture d'une telle brèche dans le cours de l'histoire. À Valleyfield, 12 voix seulement ont fait pencher la balance de notre côté. Combien de tracts, combien d'heures de travail ont permis d'obtenir ce mince écart ? Comment mesurer les efforts qui ont fait la différence ? C'est impossible à évaluer. Tout ce qu'on peut dire, c'est que sans organisation, il n'y aurait tout simplement pas eu de vote.

En tant que militants, et plus largement en tant que citoyens, nous ne pouvons pas et ne pourrons jamais contrôler la conjoncture politique, pas plus que les forces sociales qui traversent notre société. Ce que nous pouvons faire, par contre, c'est travailler sans relâche à garder bien vivants la démocratie et l'engagement politique, en stimulant sans cesse le débat sur nos campus, dans nos milieux de travail, dans nos quartiers. Voilà ce qui est arrivé avant le printemps 2012 : lorsque le gouvernement Charest a tendu le flanc en haussant drastiquement les frais de scolarité et en refusant d'en discuter sérieusement avec les principaux concernés, nous étions préparés à lui faire face.

# CHAPITRE 2

# UNE GÉNÉRATION
# QUE L'ON N'ATTENDAIT PLUS

Mi-février. La mobilisation en est à ses balbutiements. Nous sommes au Collège de Maisonneuve, un des grands cégeps de l'île de Montréal, à deux jets de pierre du stade olympique. L'assemblée générale ayant pour objet le déclenchement de la grève est sur le point de débuter. Depuis Valleyfield, le mouvement prend de l'ampleur. Au fil des assemblées, nous sommes de plus en plus impressionnés par le niveau de mobilisation. Mon pessimisme habituel vacille : partout où je vais, je vois des milliers d'étudiants voter en faveur du débrayage. Ce qui me surprend le plus, c'est l'hétérogénéité du mouvement : les votes de grève se multiplient, souvent sans que la CLASSE soit prévenue. Les carrés rouges foisonnent et décorent les manteaux d'étudiants de tous les âges et de tous les milieux. Un optimisme prudent gagne progressivement les militants de la coalition. La mobilisation va bon train, même si nous savons tous que rien n'est gagné. Il m'arrive encore de douter que nous serons en mesure de rester en grève jusqu'au 22 mars, date à laquelle devra se tenir la grande manifestation nationale.

Les étudiants arrivent en masse et prennent place dans un grand gymnase double. Quinze minutes avant le début de l'assemblée, la salle est remplie au maximum de sa capacité. On ouvre donc les portes d'un deuxième gymnase où les étudiants s'engouffrent en grand nombre. On demande aux gens de s'entasser et, finalement, on parvient à faire entrer tout le monde. Les deux salles sont pleines à craquer : il y a plus de 3 500 personnes présentes. Selon les archives de l'association étudiante, c'est un record : on n'a jamais vu autant d'étudiants dans une assemblée générale au Collège de Maisonneuve. Dans la salle, les étudiants entassés débattent déjà entre eux. Certains se regroupent, discutent, peaufinent leurs arguments. La fébrilité est à son comble.

Le président ouvre l'assemblée et débute avec les précisions procédurales habituelles, mais il est interrompu par le directeur de la sécurité de l'établissement qui s'approche pour lui chuchoter quelque chose à l'oreille. Lorsqu'il reprend la parole, le président d'assemblée suspend sa présentation des procédures et annonce aux étudiants que le service de sécurité lui demande de transmettre un message important : à la fin de l'assemblée, il vaudrait mieux que les étudiants ne sortent pas tous en même temps, et il faudrait que les gens ne partent pas tous dans la même direction. Autre chose : les étudiants devraient se retenir de sauter et éviter tout mouvement de foule brusque durant l'assemblée. L'intégrité matérielle de l'édifice pourrait être affectée par de tels mouvements de foule. Les murs du cégep n'ont pas été conçus pour supporter un tel rassemblement! Sur le coup, la salle entière éclate de rire. L'image est forte : la mobilisation étudiante est si forte qu'elle menace la structure même de l'institution.

Après cette annonce inusitée, un membre de l'exécutif dépose la proposition de grève. Le débat commence. D'emblée, le ton est beaucoup plus civilisé qu'à Valleyfield. Le cégep étant affilié à l'ASSÉ depuis plusieurs années, une culture d'assemblée générale s'y est progressivement implantée : les interventions sont plus posées et les opposants à la grève savent qu'ils ne peuvent avoir gain de cause qu'en jouant selon les règles du jeu. Pour gagner le vote, ils devront convaincre l'assemblée du bien-fondé de leur position.

Les membres de l'exécutif de l'association étudiante sont dûment préparés. Ils se sont réparti les plaidoyers et se présentent tour à tour au micro. Progressivement, ils déploient un argumentaire à la fois rationnel et inspiré en faveur de la grève, déconstruisant du mieux qu'ils le peuvent les mythes répandus sur la nature et les conséquences d'un tel moyen de pression. C'est à l'exécutif, en somme, de calmer l'angoisse des étudiants inquiets en répondant aux multiples questions qui fusent. On parle de finances publiques, de démocratie, d'égalité des chances, de justice sociale. D'autres interviennent contre la grève, font valoir leur droit à assister à leur cours ou défendent la hausse des frais de scolarité. Après un peu plus d'une heure de débat, le président d'assemblée annonce que le moment du vote approche.

Quelques personnes attendent encore devant le micro. Assis avec les membres de l'exécutif et du comité de mobilisation, je sens la tension grimper d'un cran : nous savons tous que les dernières interventions sont celles qui marquent le plus les esprits. Elles pèsent lourd dans la balance et peuvent facilement infléchir les résultats du vote. À la fin de la file se trouve un grand jeune homme noir, vêtu des pieds à la tête dans le plus pur style *hip-hop* : pantalons bas, casquette de basketball, chaîne dorée autour du cou, tout y est. Il sera parmi les derniers à parler. À première vue, son *look* est bien loin de celui d'un militant traditionnel, et il ne porte pas le carré rouge qui indiquerait qu'il est en faveur de la grève. Instinctivement – les préjugés contaminent sournoisement notre esprit – je redoute son intervention. Mais j'ai tort. Son tour venu, il débute en apostrophant l'intervenant précédent, qui avait vivement manifesté son opposition à la grève : « Toi ! Toi, qui es contre la grève, j'imagine que c'est parce que tu as les moyens de payer l'université ? Ou bien c'est tes parents qui en ont les moyens ? Non ? N'est-ce pas ? Eh bien, mon cher, moi je veux aller à l'université, et j'ai pas les moyens si y'a une hausse. Alors je fais quoi, hein ? Je fais quoi ? » Il se retourne vers la salle : « Tous ceux qui vont voter contre la grève, levez la main. Allez, allez, levez la main ! » Hésitants, les étudiants lèvent la main peu à peu. Il reprend immédiatement : « Bon, alors nous, on veut y aller à l'université ! On veut y aller, mais on n'aura pas assez d'argent si y'a la hausse. Vous qui avez assez d'argent, est-ce que vous allez nous aider à payer nos études ? Est-ce que vos parents vont aussi les payer pour nous? Non? Oui ou non? Non?» Personne ne répond. «Ah! Eh bien, ça confirme ce que je pensais.» Il enchaîne: «Si vous voulez pas payer nos études, alors je pense qu'il va falloir faire la grève. Eh oui! Parce que moi, ça me fait chier que des gens puissent pas étudier juste parce qu'ils ont pas assez d'argent, ouais, ça me fait chier. Alors si y'a une seule personne au Québec à qui il manque cinq piastres pour étudier, eh bien pour cette personne et pour seulement cinq piastres, moi, aujourd'hui, je vais voter pour la grève.» Les applaudissements et les cris éclatent dans un grand tumulte. Autour de moi, les militants jubilent: qui aurait cru que l'assemblée se terminerait sur une intervention pareille, de la part de quelqu'un qu'on n'a jamais vu au local de l'association étudiante?

La tirade de ce jeune homme, dont le style et la musicalité sont difficiles à transmettre, n'a pas déclenché les hourras pour ses nuances, mais parce qu'elle est crue, authentique, ce qui la rend profondément touchante. Elle a probablement été beaucoup plus efficace que toutes celles, soigneusement préparées, des militants de l'association étudiante. Son discours exprime l'angoisse de centaines de milliers de jeunes Québécois qui ont vu leur avenir se refermer lorsqu'on a menacé d'augmenter de 1 625 $ par année les frais exigés pour fréquenter l'université. Partant du simple fait qu'il n'aurait plus les moyens d'aller à l'université à ce prix, le jeune homme a candidement demandé aux opposants à la grève s'ils étaient prêts à payer ses études.

Le cas échéant, le recours à la grève serait évidemment inutile. L'absence de réponse de la salle – prévue par le tribun – lui a fourni une raison de voter en faveur du débrayage. C'est tout le débat sur la redistribution de la richesse qui est mis en scène dans cette intervention : dans le scénario du jeune homme, c'est l'absence de répartition des revenus des mieux nantis qui l'exclut *de facto* de l'université. Son message est clair : si la richesse n'est pas mise en commun pour assurer l'accès à l'éducation pour tous, il faudra aller en grève, même pour une seule personne et même pour un montant minime. Plus encore, ce que sa tirade révèle, c'est l'injustice fondamentale du principe utilisateur-payeur, cette nouvelle pierre d'assise des politiques économiques et sociales de l'État. En imposant les mêmes frais à tous ceux qui veulent aller à l'université, ce n'est pas une « juste part » équitable que l'on exige de chacun. Car si le prix est le même, le revenu, lui, ne l'est pas : la même augmentation des droits de scolarité n'a pas le même poids pour chaque famille. « Vous qui avez assez d'argent, est-ce que vous allez nous aider à payer nos études ? » La réponse, selon la logique utilisateur-payeur, est sans équivoque : non.

À ce déni de justice si bien exposé, l'assemblée générale du Collège de Maisonneuve répliqua en adoptant un mandat de grève générale illimitée, avec une majorité de 85 %.

\*

\*  \*

Un cégep que la mobilisation de ses étudiants ébranle jusque dans ses fondations; un jeune homme qui surprend une assemblée entière par un discours percutant; un appui massif à la grève; en cette journée froide de février, j'ai compris que le résultat serré de l'assemblée de Valleyfield n'était pas représentatif de la grève qui se profilait à l'horizon. Si elle peut sembler superficielle ou anecdotique, cette situation est plus révélatrice qu'on ne pourrait le croire. Elle témoigne du caractère exceptionnellement rassembleur de la grève étudiante du printemps 2012. Si les débuts du mouvement ont été timides, l'assemblée de Maisonneuve m'a montré que quelque chose d'absolument inédit se profilait. Ce soir-là, j'ai compris que la mobilisation de 2012 serait radicalement différente des précédentes.

Dans les jours suivants, mon intuition s'est confirmée. L'entrée en grève des premiers cégeps a eu l'effet escompté. Les uns après les autres, les cégeps et les départements universitaires ont voté des mandats de grève, souvent beaucoup plus rapidement que ne l'avait espéré l'équipe nationale de la CLASSE. Le 1er mars, le cap symbolique des 100 000 grévistes était atteint, soit à peine trois semaines après le déclenchement de la grève. Une semaine plus tard, le nombre de grévistes était de 125 000. Jamais n'avait-on vu une progression si rapide.

Le mouvement progressait à une vitesse que même les plus optimistes d'entre nous n'avaient pu imaginer. C'était du jamais vu. La mobilisation dépassait des frontières historiques dans le mouvement étudiant. Plus que jamais auparavant, le débrayage s'étendait aux régions. Gaspé, Saint-Félicien, Rouyn-Noranda, Matane, Gatineau, Sherbrooke, Rimouski, Drummondville, Mont-Laurier, Québec : la grève s'étendait à l'ensemble du territoire québécois. Même certains départements anglophones des universités Concordia et McGill se joignaient au mouvement, une première dans l'histoire du mouvement étudiant québécois. Des départements traditionnellement réfractaires à la mobilisation joignaient maintenant leurs voix au chœur des protestations. On n'a pas assez souligné, je crois, le fait que les étudiants en médecine de l'Université de Montréal ont fait la grève pendant près de deux semaines. Dans la même université, leurs collègues d'informatique et recherche opérationnelle ont aussi débrayé. À l'Université Laval, les étudiants de physique ont été hors des salles de classe pendant plus de cinq mois. La mobilisation a atteint un premier sommet le 22 mars, alors que, dans le cadre de la grande manifestation nationale des trois organisations étudiantes, un nombre record de 303 000 étudiants étaient en grève. La liste des associations en grève est interminable et ratisse large : des traditionnelles sciences sociales à la biochimie, en passant par les étudiants de Polytechnique. Il s'agit encore, au moment d'écrire ces lignes, du plus grand débrayage de notre histoire, tous domaines confondus.

Malgré l'énergie investie, malgré le travail remarquable effectué par les militants des associations étudiantes, malgré l'importance des enjeux, l'ampleur du soulèvement m'étonne encore. Plusieurs l'ont dit avant moi : on ne s'attendait pas à une telle mobilisation de la part des jeunes. À force d'entendre dire que j'appartenais à une génération apolitique, j'avais fini par le croire. Encore un préjugé tenace : lors des premières semaines de mobilisation, nos détracteurs parlaient de la mobilisation étudiante comme de l'action d'une élite universitaire défendant ses privilèges et refusant les sacrifices qu'exige la santé des finances publiques. Nous étions des bébés gâtés, nés avec une cuillère en argent dans la bouche. Compte tenu de leur représentation de la «jeunesse d'aujourd'hui», c'était leur seule façon d'appréhender ce qui était en train de se produire. Nous n'étions pour eux que des égoïstes incapables de redonner quoi que ce soit à la société. Or, avant de pointer du doigt notre égoisme, nos accusateurs auraient mieux fait de procéder à un examen de conscience. Non seulement leur critique est-elle infondée – comme le prouvera la transformation de la grève en mobilisation citoyenne –, mais elle trahit en fait l'individualisme de ses auteurs. C'est leur propre vision du monde qui transparaît dans ces reproches adressés au mouvement étudiant, leur propre conception de la politique comme instrument de défense d'intérêts privés qu'ils nous ont imputée, par ignorance, par rancœur ou tout simplement par incapacité d'entrevoir la réalité sous un autre jour. Et ce qui leur est insupportable, au fond, dans notre discours, c'est précisément la remise en question de l'égoïsme généralisé qui oriente leur politique. Au printemps 2012, l'élite du pouvoir a plaidé sa propre turpitude, et nous avons démontré hors de tout doute qu'elle avait tort.

*

\* \*

Je fais partie de la première génération qui n'a pas connu le mur de Berlin. Je suis né en 1990, quelques mois à peine après son effondrement. J'ai vu le jour et j'ai grandi au sein d'un monde plus que jamais contenu dans un seul système politique et économique. La fin de la guerre froide a signé l'arrêt de mort de régimes politiques liberticides, mais elle a aussi créé l'illusion qu'aucune alternative n'existait à la globalisation économique, à la subordination de la souveraineté démocratique aux lois anonymes du capital. De la même manière, au Québec, aussi loin que je puisse me souvenir d'événements politiques, je n'ai vu que des gouvernements néolibéraux prendre le pouvoir et, cela va de soi, privatiser les institutions publiques. Le Parti québécois (PQ) de ma génération, c'est celui de Lucien Bouchard, pas celui de René Lévesque.

Dans ce monde où tout semble joué d'avance, ma génération devait inaugurer la « fin de l'Histoire ». Cette fin de l'histoire s'avère finalement n'être que le commencement d'une autre. Un nombre grandissant de personnes se trouvent aujourd'hui dans une impasse, les jeunes en particulier, paient dans plusieurs pays un très lourd tribut à la bêtise de l'économie politique néolibérale. C'est dans un contexte de bouillonnement politique mondial que le mouvement étudiant d'ici a surgi.

En Europe, en Amérique latine et même chez nos voisins du Sud, une part de plus en plus importante de la population refuse la direction imposée à notre monde par ses élites. Partout, les slogans se font écho, partout des personnes travaillent à rouvrir les possibles, à réactiver l'imagination politique des peuples après trois décennies de conformisme gestionnaire à la Thatcher.

On a certainement là un élément de réponse à la question qu'on m'a posée si souvent depuis la fin de la grève : qu'est-ce qui explique que le conflit ait été si important ? Certes, il y a eu certains facteurs qui appartiennent à la conjoncture particulière du Québec. La grève générale illimitée était dirigée contre un gouvernement affaibli par les scandales de corruption et qui suscitait le mécontentement d'une bonne partie de la population. Ce contexte politique a sans aucun doute contribué à amplifier la mobilisation étudiante du printemps 2012. Il y a ça, mais il y a plus. L'épuisement social et politique du projet conservateur des 40 dernières années est à mon avis une explication plus profonde de la force incroyable de la protestation du printemps 2012.

Contrairement à ce que se sont plu à dire certains ministres libéraux ou chroniqueurs – il m'arrive encore de les confondre –, la lutte contre la hausse des frais de scolarité n'a jamais servi de prétexte pour atteindre des objectifs politiques « extrémistes » inavouables. Dès le départ, les militants du mouvement étudiant étaient tout à fait conscients de la nature politique de leur mobilisation. Ils ne s'en sont jamais caché. Les discours des étudiants des cégeps de Valleyfield et de Maisonneuve, au commencement de la mobilisation, parlaient déjà de redistribution de la richesse, de démocratie et de fiscalité. L'enjeu fondamental, c'était l'éducation. Mais il se trouve qu'on ne peut évoquer un tel enjeu sans ouvrir un débat plus large sur la finalité de l'ensemble des institutions collectives. Parce que l'éducation se trouve au cœur du projet social et culturel des sociétés. Nous savions pertinemment qu'un débat sur l'accessibilité à l'université engageait une confrontation politique et culturelle plus large. Les libéraux auraient aimé faire passer leurs propres objectifs pour de simples mesures administratives. Mais ils savaient bien, eux aussi, que leurs décisions étaient les moyens d'ambitieux projets, radicaux à leur manière. L'entêtement qu'ils ont mis à refuser le dialogue ne relevait-il pas du dogmatisme idéologique? S'ils sont tombés des nues, en 2012, c'est que, comme bien des gens, ils estimaient que plus rien dans la société ne s'opposait à leurs politiques conservatrices. Ils ont péché par excès de confiance. Peut-être ont-ils cru que l'histoire était bel et bien terminée?

On sait maintenant que l'histoire n'est jamais finie. Il y a toujours un printemps qui se tient en coulisse.

CHAPITRE 3

# LA HAINE DE LA DÉMOCRATIE

Octobre 2011. Je monte sur la scène de la salle de spectacle, pleine à craquer, du Collège Lionel-Groulx. Faisant fi du calendrier établi par l'équipe nationale de la CLASSE, qui prévoyait une assemblée de vote deux semaines plus tard, l'exécutif de l'association étudiante du cégep demande un mandat de grève générale illimitée. La grande manifestation du 10 novembre n'a même pas encore eu lieu, c'est dire combien ce vote est hâtif. L'exécutif m'a invité à prendre la parole pour lancer le débat en expliquant les détails de la hausse des droits de scolarité, mais aussi pour présenter les moyens de pression que l'ASSÉ a mis en œuvre depuis mars 2010. L'atmosphère est lourde, tendue, les gens sont fébriles. Dès les premiers mots de mon intervention, des cris se font entendre : « Ta yeule, ostie ! », « On veut voter tabarnac ! » Une partie de la salle éclate de rire et applaudit, l'autre réclame que cesse le tumulte. Un peu désarçonné, j'enchaîne avec quelques phrases avant d'être à nouveau interrompu. Je m'arrête : « Si vous ne vouliez pas que je vous parle, il ne fallait pas adopter la proposition qui me donne la parole. Maintenant qu'elle est adoptée, je vous prie de me laisser terminer, par respect pour l'assemblée.» Je reprends, tentant d'ignorer les murmures et les commentaires qui se multiplient. Malgré les cris et les huées des uns et les soupirs d'exaspération des autres, je poursuis mon discours, que je termine en vitesse cependant, et non sans buter sur certains mots.

Exaspéré, je retourne m'asseoir dans la salle. Le président reprend la parole, rappelle les gens à l'ordre: sans un minimum de calme, l'assemblée s'éternisera. La proposition de grève est déposée et le débat s'enclenche. Dès les premières interventions, les hostilités reprennent de plus belle. Les attaques personnelles fusent. Les mots volent bas. Le président intervient: «Cette assemblée est un espace démocratique. Je vous demande de rester polis. Les débats, même tendus, peuvent être sains s'ils se font dans le respect mutuel.» Démocratie? Respect mutuel? Débats? Un jeune homme se présente au micro et nous offre une interprétation personnelle de ces notions: «Heille, moé j'ai une idée. Les ostis d'hippies d'arts plastiques qui veulent faire la grève, là, pourquoi ils la font pas tout seuls estie?! J'en ai rien a crisser, moé, de leurs bricolages de tapettes, j'veux étudier pis avoir ma job. C'tu clair tabarnac? J'ai pas de problème qu'y fassent leurs p'tites manifestations, mais qu'y nous sacrent la paix pis qu'y nous laissent étudier sacrament! Ouais pis, en passant, c'est ben trop long, on passe-tu au vote qu'on retourne chez nous?!» Une moitié de la salle éclate de rire et applaudit, les autres s'enfoncent dans leurs sièges, sans voix. Les membres de l'exécutif, qui avaient pourtant soigneusement préparé des arguments en faveur de la grève, hésitent à se rendre au micro. Ils craignent les réactions de la salle. Quelques-uns s'y aventurent malgré tout, et ils ne tardent pas à en payer le prix. Ils sont accueillis par des mots doux, « Tapette ! », « Ostie de communiste ! », « Pouilleux ! » que les rires et les applaudissements soutiennent. Des jeunes hommes, regroupés au fond de la salle, ajoutent l'insulte à l'injure en poussant des cris de gorille : « Hou, hou, hou, hou, hou ! » Lorsque le président d'assemblée tente de ramener l'ordre, il se fait huer à son tour. Le moment du vote arrive dans la confusion et le brouhaha et, sans surprise, les gorilles l'emportent : la proposition de grève est rejetée à très forte majorité. Je sors abasourdi, je n'avais jamais assisté à une assemblée à ce point disgracieuse.

Par bonheur, la très grande majorité des assemblées générales tenues au printemps 2012 n'avaient pas des allures de zoo. Elles se sont déroulées dans le respect des règles élémentaires de la politesse et de l'écoute qu'exige la conversation démocratique. Certes, les débats étaient souvent tendus, houleux et parfois éreintants, mais on risquait rarement de perdre sa dignité en y participant. Les personnes qui y prenaient part, y compris celles qui votaient contre la grève, s'y comportaient en général avec décence. L'assemblée de Lionel-Groulx est donc une exception. Si je la relate, c'est qu'elle permet de contredire un préjugé tenace qui prétend que les militants de la CLASSE ont tiré les ficelles des assemblées générales et qu'ils n'hésitaient pas à recourir à l'intimidation contre leurs opposants. Des votes de grève ainsi arrachés de force par des militants retors n'auraient eu aucune légitimité. Cette thèse est un grossier mensonge. Ceux qui ont assisté à ces réunions pourront témoigner avec moi que les affrontements, dans les rares cas où ils ont eu lieu, étaient systématiquement déclenchés par des étudiants farouchement opposés à la grève. C'est de ce côté-là qu'étaient lancées des salves d'insultes homophobes, racistes ou sexistes, ou qu'étaient proférées des menaces personnelles. Le chroniqueur Richard Martineau a donc eu raison de déplorer que des jeunes se fassent « huer, conspuer, intimider et harceler lorsqu'ils osent se pointer au micro lors des assemblées générales[1] », mais s'il avait su de quoi il parlait, pour une fois, il aurait pris soin de préciser que cette intimidation était le mode d'expression favori des plus virulents adversaires de la grève.

Les militants qui ont participé à la construction de ce mouvement seraient victimes d'une grande injustice si l'histoire retenait qu'ils ont imposé cette grève par la force ou la menace. Il faut une bonne dose de mauvaise foi pour les accuser d'être des vandales écrasant la dissidence, comme l'ont insinué les libéraux et bien des commentateurs. Les associations étudiantes se sont investies sans compter dans l'organisation et l'animation de ces espaces démocratiques. Ces jeunes militants passionnés ont tout mis en œuvre pour créer un climat sain et inclusif, permettant à tous de s'ex-

---

1. Richard Martineau, « Quelle démocratie ? », *Journal de Montréal*, 10 août 2012.

primer librement. Jamais il ne leur serait venu à l'esprit, par exemple, de placer leurs convictions personnelles au-dessus de la démocratie et de remettre en cause un vote contre la grève. Ne les confondons pas avec ces individus qui contestaient devant les tribunaux la validité de décisions collectives qui allaient à l'encontre de leur intérêt privé.

Bien sûr, les procédures qui régissent les assemblées étudiantes peuvent servir – et servent parfois – d'outils à ceux qui veulent contrôler et museler le débat, et je ne nie pas que cela ait pu se produire au printemps 2012. Certains partisans de la grève ont haussé le ton en assemblée générale, ils y ont exprimé leur colère, leur impatience, mais ces excès d'humeur visaient rarement à intimider leurs adversaires ou à les faire taire. En règle générale, les militants qui ont été à l'origine de cette grève et qui s'y sont impliqués du début à la fin voulaient avant tout favoriser un débat politique constructif et sain. En tant que fervents défenseurs de la démocratie directe, c'était là une de leurs fiertés. La plupart de ceux qui ont fait le procès des assemblées générales de grève n'ont d'ailleurs jamais assisté à une seule d'entre elles et ignorent qu'on y encourageait de manière constante – et presque naïve, diront certains – la discussion politique. Une priorité qui s'est avérée lourde et rebutante par moments, qui a mis à l'épreuve la patience de plusieurs, mais qui a aussi donné lieu à des échanges politiques d'une richesse inouïe.

Cette grève a été l'un des plus vastes chantiers d'éducation civique qu'ait connus le Québec. Pendant un an, dans des centaines d'assemblées, des dizaines de milliers de personnes ont débattu de l'avenir d'une institution et de sa place dans la société. Par la force des choses, le décorum qu'exige la délibération en assemblée est entré dans les mœurs des étudiants et, au fil des mois, les dérapages disgracieux comme ceux de Lionel-Groulx sont devenus très rares. On a même vu, vers la fin du conflit, des partisans de la hausse des frais de scolarité sur les piquets de grève illégaux lorsque certaines administrations ont tenté de forcer la rentrée. «Pour la hausse, et pour la démocratie» pouvait-on lire sur une pancarte ornée de carrés verts que tenait une jeune manifestante bloquant les portes du Cégep Saint-Jean-sur-Richelieu.

Les libéraux et les critiques du mouvement étudiant ont également mis en doute la légitimité de la grève en déplorant systématiquement ce qu'ils qualifiaient de très faible taux de participation aux assemblées, une preuve, selon eux, que la démocratie étudiante n'était qu'une façade derrière laquelle une minorité manœuvrait pour imposer ses vues à la majorité (un reproche qui, si l'on se fie aux révélations de la commission Charbonneau, sied mieux aux mœurs des amis du régime libéral qu'à celles des jeunes grévistes). La question du taux de participation a servi de prétexte à ceux qui exigeaient des associations étudiantes qu'elles renoncent à leur instance décisionnelle traditionnelle, l'assemblée générale, et qui soutenaient qu'il serait plus juste et démocratique de procéder par référendum ou par vote électronique pour mettre un terme à l'intimidation. Ces propos ne résistent pas à l'épreuve des faits.

Lorsqu'on se penche sur les résultats des consultations ayant mené au déclenchement de la grève, on remarque qu'il y a très peu d'écart entre les résultats obtenus en assemblée générale et ceux obtenus par voie référendaire ou électronique. En Outaouais, le cégep a déclenché la grève avec 65 % des voix et un taux de participation de 78 %. À St-Jérôme, le 3 mars, l'association étudiante déclenchait la grève avec une majorité de 61 % et un taux de participation de plus de 75 %. À St-Jean-sur-Richelieu, le référendum qui a déclenché la grève a obtenu 81 % de taux de participation. Plusieurs se réjouiraient de ce que nos élections provinciales et fédérales suscitent un tel enthousiasme. Parallèlement, des cégeps comme ceux de Mont-Laurier ou de Matane ont déclenché la grève en assemblée générale avec des taux de participation de plus de 66 % et des résultats similaires. À St-Félicien, le taux de participation à l'assemblée a été de 75 % et le vote de 56 % en faveur du débrayage. Cas intéressant, au Cégep de Joliette, les étudiants ont voté pour la grève le 27 février en assemblée générale avec 65 % de taux de participation et le mandat a été reconduit par voie électronique jusqu'au 11 mai. La consultation électronique du 13 avril 2012, tenue au Cégep André-Laurendeau à Montréal pour mettre fin au débrayage, a affiché un taux de participation de 83 % et a confirmé la décision de l'assemblée générale de poursuivre la grève. La direction du cégep n'a alors eu d'autre choix que de reconnaître le résultat de son propre processus et de respecter la grève étudiante... jusqu'au 9 août.

De toute évidence, ce n'était pas pour honorer les vertus démocratiques que les libéraux et les administrations de cégeps ont tenté de déposséder les étudiants de la souveraineté de leurs assemblées. Les opposants à la grève n'ont jamais pris au sérieux l'aspect pédagogique des assemblées générales étudiantes, pas plus que leur caractère hautement démocratique. À partir de la mi-avril, les administrations collégiales et universitaires ont entrepris de briser le mouvement de grève en cessant d'accorder la moindre légitimité aux décisions collectives des étudiants, prétextant la nécessité de terminer la session dans les temps. Méprisés sur toutes les tribunes, ignorés par le pouvoir politique et brutalisés par les forces de l'ordre, voilà que, de manière curieusement synchronisée, les étudiants se voyaient dépossédés de leur principal moyen d'expression collectif. Ce mépris a atteint son paroxysme un peu plus d'un mois plus tard avec l'adoption de la loi spéciale par laquelle libéraux et caquistes ont muselé la démocratie étudiante, piétiné la liberté d'expression et institutionnalisé leur mépris. Les étudiants pouvaient toujours prendre des décisions démocratiques, on refuserait dorénavant de reconnaître leur voix et leur autonomie politique. Heureusement, partout où elles ont été tentées et malgré des interventions policières massives, les reprises de cours forcées ont échoué. Après plusieurs mois de grève, il était prévisible que les étudiants se mobiliseraient en très grand nombre pour défendre non seulement leur grève, mais, plus fondamentalement, leur dignité citoyenne. Ce coup de force a échoué comme bien d'autres, mais il en dit long sur l'idée qu'une certaine élite au pouvoir se fait de la démocratie.

Cette offensive contre la démocratie étudiante a culminé dans l'idée que ce n'était pas la « rue », mais les « urnes » qui devaient décider des orientations politiques du Québec. On a ainsi découvert, au printemps 2012, qu'ils étaient nombreux ceux qui estimaient que la démocratie se réduit à une procédure privée et passive : voter en secret et de préférence pas trop souvent, tout au plus une fois tous les quatre ans. Dans cet esprit, le scrutin électronique – soit la possibilité de voter nu dans l'intimité de sa chambre à coucher, à l'abri de toute rencontre avec l'autre – serait l'acte citoyen par excellence. On atteindrait ainsi une sorte d'idéal du conservatisme politique : la démocratie sans le peuple, ou la vie commune libérée de « l'enfer » de l'affrontement avec les autres. Or, pour reprendre la belle phrase du philosophe politique Jacques Généreux, « personne ne peut devenir ou redevenir citoyen là où ne subsiste aucune cité[2] ». Notre personne et les droits individuels qui y sont rattachés ne sont réels que parce qu'ils sont reconnus par les autres, que parce qu'ils sont garantis socialement, collectivement. N'en déplaise aux crapauds qui aiment les eaux mortes des marais et qui craignent le débordement des rivières au printemps, les débats et les conflits politiques, « la rue », ne sont pas l'ennemi de la liberté politique, ils en sont l'oxygène.

---

2. Jacques Généreux, *La dissociété*, Paris, Seuil, 2011, p. 67.

Cette agoraphobie, pour parler comme le politologue Francis Dupuis-Déri, est le résultat d'une double réduction : du politique à la démocratie parlementaire et de la démocratie parlementaire aux élections. La démocratie est ainsi confinée au bon vouloir d'un gouvernement, lequel serait en droit d'exécuter ses décisions en toute impunité jusqu'aux élections suivantes. C'est bien cet argument que l'on a soulevé pour discréditer les protestations étudiantes. Dès le 30 avril, l'éditorialiste André Pratte sommait le gouvernement de mater le mouvement et l'invitait à refuser toute négociation avec les représentants étudiants, ajoutant que « dans ce dossier, faire preuve de fermeté, ce n'est pas de l'entêtement, c'est tout simplement... gouverner[3] ». Quant aux étudiants, André Pratte leur conseillait ceci dans un éditorial intitulé « De la rue au vote » : « En somme, les étudiants devraient reprendre leurs cours et transporter leur mobilisation de la rue aux bureaux de scrutin[4]. » J'ai rapidement cessé de compter le nombre de fois où l'on m'a opposé cet argument dans les médias : au lieu de manifester, aller donc voter ! La pauvreté d'une telle conception de la démocratie est saisissante, et ce, même pour des libéraux. Pas besoin d'être révolutionnaire pour admettre que la démocratie ne se limite pas à la procédure du vote. Alexis de Tocqueville, auteur qu'on ne peut qualifier d'extrême gauchiste, écrivait déjà au milieu du XIXᵉ siècle que la démocratie était aussi et surtout un état

---

3. André Pratte, « La tyrannie de la minorité », *La Presse*, 20 avril 2012.

4. André Pratte, « De la rue au vote », *La Presse*, 9 mai 2012.

social caractérisé par la participation dynamique des citoyens à tous les aspects de la vie commune, notamment par le biais d'associations politiques de toutes sortes.

On peut par ailleurs soulever l'ironie évidente des propos de certains qui, du haut de l'autorité que leur confère leur tribune éditoriale, sommaient le gouvernement de ne pas écouter la bruyante « minorité » que constituaient les « carrés rouges ». André Pratte, encore : « Pourquoi faudrait-il que Québec se plie aux volontés des étudiants d'université, groupe privilégié de la société s'il en est[5] ? » On aurait envie de lui rétorquer : « Pourquoi faudrait-il que le Québec se plie aux volontés des hommes d'affaires, des recteurs et des éditorialistes des plus grands journaux, groupe privilégié de la société s'il en est ? » De plus, si ceux qui appelaient le gouvernement à refuser de dialoguer avec les étudiants étaient un tant soit peu conséquents avec leurs prises de position, ils cesseraient d'écrire des éditoriaux sur-le-champ. En effet, si on réduit la démocratie à la joute électorale et aux décisions de ceux qui en sortent gagnants, on ne voit pas à quoi servirait le débat public entre les élections. On accusait le mouvement étudiant d'entreprendre un bras de fer avec le gouvernement pour le faire reculer sur une décision prise selon la procédure démocratique. N'est-ce pas exactement ce que font constamment plusieurs commentateurs de *La Presse* et du *Journal de Montréal*, principalement lorsque les gouvernements adoptent des mesures progressistes ?

---

5. André Pratte, « La tyrannie de la minorité », *loc. cit.*

Ne se sont-ils pas portés à la rescousse des plus fortunés quand le gouvernement de Pauline Marois a voulu augmenter leur taux d'imposition à l'automne 2013 ? Les étudiants, les enseignants, les infirmières, en fait la quasi-totalité des membres de la classe moyenne, et à plus forte raison les plus démunis, ont souvent recours à des moyens bruyants pour faire plier les dirigeants. Ils font des grèves, ils crient, parfois même ils se mettent en colère. Qu'on leur pardonne : pour se faire entendre, ils ne disposent pas de moyens aussi raffinés que ceux d'un éditorialiste, ou aussi puissants que ceux d'un groupe de presse.

Dans le discours de la classe politique, et même au sein du mouvement étudiant, on oppose trop souvent la démocratie directe des mouvements sociaux à la politique institutionnelle. C'est une erreur. Le jour du déclenchement des élections d'août 2012, Jean Charest a misé sur cette fausse opposition en déclarant : « La rue a fait beaucoup de bruit. C'est maintenant au tour des Québécois de parler et de trancher cette question. » Or, il ne s'agit pas de deux mondes séparés. Toute l'histoire du xxe siècle, particulièrement au Québec, est faite de luttes populaires, syndicales, étudiantes et féministes qui, en interaction constante avec le pouvoir politique, ont fait avancer les conditions de vie des Québécois. À travers les mouvements sociaux, une partie importante de la population s'engage dans la vie politique et exprime ses idées, ce qui n'a rien à voir avec le lobbyisme qui vise à influencer le pouvoir politique pour servir des intérêts strictement privés. Autrement dit, la « rue » est loin de provoquer l'effritement de la démocratie. Au contraire, elle est partie intégrante et essentielle de celle-ci, et un gouvernement démocratique se doit de dialoguer avec elle, c'est-à-dire avec ceux qui sont concernés par les décisions qu'il prend.

Les associations étudiantes, comme les syndicats et les groupes populaires, appartiennent à cet espace de discussion qui sert en partie de garde-fou au pouvoir, aussi démocratique soit-il. La marche qui sépare l'individu et le pouvoir de l'État est haute, et la démocratie a besoin de paliers qui les relient, d'espaces mitoyens où l'on apprend à se soucier des enjeux particuliers de nos existences, où l'on s'engage à les confronter et à les intégrer au tout de la société. Une société libre est renforcée – et non affaiblie – par le nombre et la diversité de ces lieux de participation politique qui permettent aux individus de s'élever progressivement à la hauteur des enjeux collectifs, souvent abstraits.

C'est notamment ce que montre, chiffres à l'appui, l'économiste américain Paul Krugman, récipiendaire du prix Nobel d'économie en 2008. Aux États-Unis, explique-t-il, la puissance du mouvement syndical a clairement favorisé la conscientisation et la participation politique des Américains dont le revenu est faible ou moyen. Il cite une analyse récente qui révèle que si la proportion des syndiqués dans la population active avait été aussi importante en 2000 qu'en 1964, la participation électorale des adultes issus des deux tiers les moins nantis de la population aurait été de 10 % supérieure, et seulement de 3 % dans le tiers le plus riche. Pour Krugman, le désintérêt actuel envers la chose publique provient en outre du sentiment qu'ont la plupart des travailleurs moyens que leur vote individuel ne compte pas, et ce, même si le résultat électoral a un impact concret sur leur vie. « Quand on a un emploi à conserver et des enfants à élever, rien ne nous incite à suivre attentivement les campagnes électorales. En pratique, ce désintérêt rationnel biaise le processus politique en faveur des classes supérieures. [...] L'électeur moyen a donc un revenu nettement plus élevé que le citoyen moyen, et c'est l'une des raisons de la tendance des candidats et des élus à concevoir leurs politiques en pensant aux milieux relativement prospères[6] », écrit-il dans *L'Amérique que nous voulons*. En demandant explicitement aux travailleurs d'aller voter, mais surtout en favorisant l'éducation politique et l'implication citoyenne dans ses propres structures, le syndicalisme contribue à combler ce fossé : « Les débats politiques qui ont lieu dans les réunions syndicales, les lettres à contenu politique envoyées aux syndiqués, etc., élèvent le niveau de conscience politique, chez les syndiqués et aussi chez ceux avec lesquels ils discutent, à commencer par leur conjoint, leurs amis, les membres de leur famille[7]. »

Ce propos s'applique très bien au mouvement étudiant québécois : cette grève historique a favorisé le dynamisme de la démocratie en politisant des centaines de milliers de personnes. Même les gens qui défilaient dans les rues avec leurs casse-

---

6. Paul Krugman, *L'Amérique que nous voulons*, Paris, Flammarion, 2008, p. 87 et suiv.

7. *Ibid.*, p. 88.

roles en défiant la loi spéciale ne rejetaient pas bêtement l'autorité politique pour lui substituer la « rue ». Ils défendaient l'autorité du droit contre l'usage arbitraire du pouvoir législatif. Ils exprimaient leur profond attachement à la démocratie. Cette grève, avec ses assemblées et le mouvement des casseroles qui en a été le sommet, a été la meilleure école d'engagement politique que l'on puisse imaginer. Elle aura, je n'en doute point, mieux servi les mœurs démocratiques que ne l'auront fait les libéraux, leurs bailleurs de fonds et leurs meneuses de claques médiatiques.

# DEUX IDÉES : LA « JUSTE PART »
## ET L'« EXCELLENCE »

# CHAPITRE 4

## LA RÉVOLTE DES RICHES

> *Quand les hommes ne peuvent changer*
> *les choses, ils changent les mots.*
>
> Jean JAURÈS

Grâce aux libéraux, on aura au moins appris une chose pendant cette grève : les mots ont assez d'importance pour que certains prennent un soin méticuleux à en pervertir le sens. « Les étudiants doivent faire leur juste part. » Cette phrase, Line Beauchamp et ses collègues l'ont répétée mécaniquement tout au long de la grève. Elle leur tenait lieu de pensée, si tant est qu'une phrase puisse se mériter un tel titre. Il faut reconnaître que les libéraux, ou la boîte de communication qu'ils avaient engagée, s'étaient forgé un slogan redoutable. Le message de la « juste part » est simple, facile à retenir, enfariné de « gros bon sens ». Qui pourrait s'opposer à ce que chacun fasse sa juste part ? Personne, cela va de soi. L'expression, cependant, a quelque chose d'incroyablement arbitraire. De quelle justice et de quelle part est-il question lorsqu'on augmente de 1 625 $ les droits de scolarité universitaires ?

La « part des étudiants » dans le financement des universités a considérablement varié au cours des 40 dernières années. Entre 1970 et 1990, les gouvernements ont gelé les frais de scolarité et augmenté le financement de l'éducation, de telle sorte que l'université était presque gratuite à la fin des années 1980. La participation des étudiants au financement de leurs études postsecondaires était en 1988 de 5,4 %, tandis qu'en 2012, elle était de près de 14 %[1]. Or c'est précisément à cette époque qu'une grande majorité des ministres du gouvernement Charest ont obtenu leur diplôme. Line Beauchamp a obtenu son baccalauréat en 1985, un an plus tôt que Julie Boulet, alors que Jean Charest a décroché son diplôme de droit en 1981, la même année que ses collègues Pierre Moreau et Jean-Marc Fournier. Ont-ils fait leur juste part ? Pas selon leurs propres critères de justice.

Ces dirigeants ont fréquenté une université accessible, financée à même les impôts prélevés sur l'activité économique de leurs parents. Ils appartiennent d'ailleurs à la génération la plus scolarisée de l'histoire du Québec, en grande partie parce qu'ils ont profité de très bas droits de scolarité. Aujourd'hui, ils refusent de payer ces impôts à leur tour pour offrir une université accessible à la génération suivante. Ils se désengagent de ce pacte et, pour justifier cette rupture, ils invoquent une nouvelle idée de la justice qui repose sur trois princi-

---

1. Valérie Vierstraete, *Les frais de scolarité, l'aide financière et la fréquentation des établissements d'enseignement postsecondaire*, ministère de l'Éducation, des Loisirs et des Sports du Québec, 2007.

pes : l'augmentation des droits de scolarité, conçue comme la « juste part » que doivent payer les individus, l'endettement, conçu comme un investissement personnel, et le partage des coûts et non de la richesse.

Peu de gens l'ont souligné, et pourtant le fait est remarquable : de grandes figures de l'ancienne élite du pouvoir ont appuyé sans réserve la cause des étudiants. Guy Rocher, Jean Garon, Jean Cournoyer, Jacques Parizeau, Lise Payette et Jacques-Yvan Morin, ont tous défendu le principe de la gratuité universitaire. Ceux-ci savent d'expérience – contrairement à ceux qui nous gouvernent – ce qu'il en coûte à la société de restreindre l'accès aux études supérieures. En chœur, ils ont soutenu qu'il serait en réalité injuste que les gens soient privés d'éducation pour des raisons financières, que « la hausse des droits n'est pas nécessaire[2] » (Jean Garon), que la « gratuité est réaliste[3] » (Jacques Parizeau), que l'éducation est une « valeur collective autant qu'individuelle[4] » (Guy Rocher). Lise Payette, quant à elle, a fait « entendre la voix d'une femme qui a été privée des études qu'elle désirait entreprendre parce que sa famille était pauvre et qu'elle était une fille[5] ».

---

2. Lisa-Marie Gervais, « Aux recteurs de faire des efforts, dit Jean Garon », *Le Devoir,* 17 avril 2012.

3. Alexandre Shields, « Universités – La gratuité est réaliste, dit Jacques Parizeau », *Le Devoir,* 12 février 2013.

4. Guy Rocher, « Une mentalité commerciale », dans Éric Martin et Maxime Ouellet, *Université inc.,* Montréal, Lux, 2011, p. 125.

5. Lise Payette, « Les jeunes payent le prix, et c'est toute notre société qui s'appauvrit », *ibid.,* p. 129.

Ces gens défendent une conception de la «juste part» et du service public qui est sans commune mesure avec celle que chérissent nos dirigeants actuels. Pendant la grève, elles ont rappelé, chacune à sa manière, l'esprit qui anime l'université québécoise depuis 50 ans, et que le rapport Parent décrivait en ces termes: «Le bénéfice social des études universitaires a plus de poids que le bénéfice individuel.» L'éducation, ont-elles soutenu, n'est pas qu'un levier d'enrichissement personnel, c'est une institution sociale. C'est cette idée qui a présidé à l'édification du système universitaire public au Québec depuis 50 ans. Sans elle, l'éducation n'aurait pas été l'une des pierres d'assise du projet d'émancipation collective de la Révolution tranquille.

Ces personnalités, qui ont bâti ce système, sont conscientes d'une autre vérité sociologique et historique importante: l'accès à l'éducation a été vital pour la formation d'une classe moyenne au Québec. La réforme de l'éducation propulsée dans la foulée du rapport Parent s'inscrit en effet dans un vaste projet de transformation sociale dont la plus grande réalisation est d'avoir jeté les bases institutionnelles d'une société de classe moyenne. À l'époque, lorsqu'on soutenait que «s'instruire, c'est s'enrichir», on pensait à la fois à la richesse individuelle et collective. Tout cela était indissociable. Les salariés savaient qu'ils avaient tout à gagner à titre individuel à défendre leur existence comme groupe, à l'intérieur des syndicats, à travers les institutions et par l'action politique. Pour les francophones, en outre, il était manifeste que l'indépendance économique était un enjeu collectif d'importance, parce qu'elle conditionne les autres formes d'indépendances : culturelle, sociale et politique. Dans ce contexte, le projet de gratuité scolaire apparaissait à tous – même aux libéraux de Jean Lesage – comme une politique saine, nécessaire à l'amélioration des conditions de vie de la majorité, fondamentale pour la réalisation de la grande idée de l'époque : devenir maître chez nous.

C'est en tant que mesure *transitoire* vers cette ambitieuse finalité que le gel des frais de scolarité a été décrété au Québec à la fin des années 1960, objectif que l'actuelle élite politique et économique a complètement perdu de vue, de sorte que l'idée d'un gel des frais de scolarité lui est devenue parfaitement inintelligible. Je me souviens très bien d'un débat avec Luc Godbout, économiste bien connu de l'Université de Sherbrooke et fervent partisan d'une hausse des frais de scolarité. Il soutenait que le principe de geler les frais de scolarité devait être exclu, car considérant, comme le veut la formule consacrée, que « tout coûte plus cher », un gel revenait à diminuer progressivement la participation des étudiants au financement des universités, et à augmenter d'autant la part assumée par l'État. Je lui ai répondu que sa réflexion était correcte, mais qu'elle passait sous silence un élément important : c'est justement pour produire cet effet qu'on a si longtemps gelé les droits de scolarité.

Le gel dépasse l'entendement bêtement comptable de Luc Godbout, Raymond Bachand et consorts. Il a cependant toujours paru sensé aux yeux de ceux qui se soucient de maintenir les portes des universités ouvertes aux plus démunis, cela va de soi, mais aussi aux fils et aux filles des familles de la classe moyenne, dont le revenu par ménage n'est pas astronomique. Dans une recherche publiée en 2010, la FEUQ révélait que 50 % des étudiants de premier cycle proviennent de familles dont les revenus annuels ne dépassent pas 65 000 $, soit une fraction des revenus des gens qui parlent en leur nom.

On a beaucoup dit que la grève dépassait largement la simple question des droits de scolarité. Au fil des semaines, elle a fédéré une multitude d'espoirs politiques, des plus modérés aux plus radicaux, elle a catalysé les nombreuses frustrations suscitées par un gouvernement foncièrement corrompu, elle s'est ainsi métamorphosée en «crise sociale». L'encre a coulé à flots au sujet de la «crise», de son intensité principalement, de sa «violence» et de son «désordre». On a fait grand cas des craintes et des exaspérations qu'elle provoquait au sein du public. On a toutefois peu réfléchi à cet adjectif qui la qualifiait: «sociale». On a ainsi éludé la question de savoir quel groupe, dans le tissu de la société québécoise, s'opposait avec tant de force à la politique des «lucides», centrée sur l'imposition de tarifs exorbitants pour l'utilisateur. D'évidence, c'est le segment de la société pour lequel «le bénéfice social» de l'éducation dépassera toujours le profit individuel: les membres de la classe moyenne, les salariés, et aussi les plus pauvres. L'ampleur de la grève étudiante s'explique en outre par l'attachement des Québécois au maintien des *conditions institutionnelles* d'existence de la classe moyenne.

À cet égard, l'enjeu n'était pas qu'une affaire de choix, de valeurs ou de convictions personnelles. Il était viscéral, existentiel, car, hors de ces institutions, il n'y a point de salut pour les salariés.

Les études montrent assez clairement que, depuis 25 ans, les familles québécoises ont de plus en plus de difficulté à se maintenir dans la classe moyenne à partir des seuls revenus dits « de marché » (revenus de travail, d'entreprises et de placement). Chiffres à l'appui, le sociologue Simon Langlois de l'Université Laval a montré que « s'il n'en tenait qu'au marché, la proportion de ménages appartenant aux classes moyennes aurait régressé de manière importante, passant du tiers au quart des ménages entre 1982 et 2008[6] ». Si cela ne s'est pas produit, si le niveau d'inégalité est demeuré relativement stable au Québec pendant ce temps en termes de revenu disponible, c'est grâce aux mécanismes étatiques de redistribution de la richesse, c'est-à-dire aux impôts et aux transferts aux familles. L'Institut de la statistique du Québec le confirme : « Chaque année, le revenu de marché contribue à l'inégalité, tandis que l'impôt et le revenu de transfert, conformément à leur fonction normale de redistribution du revenu, contribuent à l'égalité. [La] diminution de l'inégalité est strictement redevable à ces deux composantes, étant donné que la composante du marché contribue plutôt à élever

---

6. Simon Langlois, « Mutation des classes moyennes au Québec entre 1982 et 2008 », *Les cahiers des Dix*, n° 64, 2010, p. 130.

son niveau entre ces deux années[7].» Bref, sans la fiscalité progressive typique du modèle québécois, les familles d'ici se seraient sérieusement appauvries entre la fin des années 1970 et les années 2000. Elles auraient probablement partagé le destin des familles américaines, dont le patrimoine et les libertés fondent comme neige au soleil depuis 35 ans.

L'éducation joue également un rôle important dans la constitution et le maintien de la classe moyenne. On observe que les familles qui en sont issues sont aujourd'hui plus scolarisées que celles de 1982[8]. Il y a deux causes à ce phénomène. La première, c'est que dans la population active des années 1980, la plupart de ceux qui avaient fait des études les avaient terminées à la fin des années 1950, époque à laquelle peu de gens fréquentaient l'université, notamment parce que les réformes des années 1960 n'avaient pas encore été implantées. La seconde, c'est que depuis les années 1980, la scolarité est devenue un facteur de mobilité sociale de plus en plus déterminant. Il faut savoir qu'entre 1945 et 1975, les salaires des travailleurs peu scolarisés ont doublé, tandis que depuis les années 1980, les salaires stagnent, quand ils ne diminuent pas carrément.

Si l'on ne stoppe pas cette tendance à suivre le modèle social américain, observait avec justesse Jean Garon pendant la grève étudiante, «c'est la

---

7. Stéphane Crespo, *L'inégalité de revenu au Québec 1979-2004. Les contributions de composantes de revenu selon le cycle économique,* Québec, Institut de la statistique du Québec, 2007, p. 64.

8. Simon Langlois, *op cit.,* p. 136.

classe moyenne qui va payer[9] ». Le modèle québécois a ses défauts, mais les politiques économiques des 15 dernières années entraînent les salariés et leurs familles vers un abîme social. Pourtant, c'est prétendument dans leur intérêt (identifié à l'allègement de leur « fardeau fiscal ») que les gouvernements des dernières années ont imposé des politiques d'austérité et de privatisation des institutions publiques. Puisque personne n'explique aux travailleurs que si leur niveau de vie se maintient c'est grâce aux impôts et aux services publics, ceux-ci calculent qu'ils s'enrichiront individuellement par des baisses d'impôts. Selon cette logique du chacun pour soi, le principe de la gratuité financée par les impôts se transforme en injustice et la « juste part » devient celle que les utilisateurs devraient payer pour financer les services publics qu'ils consomment. C'est exactement ce que défendait Jean-François Lisée à la télévision en s'offusquant de ce qu'un entrepreneur détenant un simple diplôme de secondaire 5 puisse se retrouver à payer pour les études universitaires d'une fille de médecins. L'augmentation des droits de scolarité, de ce point de vue égocentrique, libèrerait donc le contribuable d'un poids, celui d'avoir à financer des universités dont les activités profitent d'abord à ses diplômés. Une telle vision de la société nous est présentée comme allant de soi, alors qu'elle résulte d'une rupture majeure avec les principes et les institutions qui ont forgé l'identité et l'âme du Québec moderne.

---

9. Lisa-Marie Gervais, *loc. cit.*

Bien plus qu'une réponse à des nécessités « économiques » ou une vulgaire affaire de gestion, le virage à droite des dernières années est la version québécoise de la « révolte des riches » qui frappe les États-Unis depuis 35 ans. Warren Buffet, prospère investisseur américain, admet lui-même que son pays est le théâtre d'une lutte des classes menée et remportée par son camp ! Les moyens de communication mis en branle pour arriver à cette victoire sont impressionnants. Il suffit de syntoniser CHOI-FM ou d'ouvrir les pages du *Journal de Montréal* pour le constater : ce sont les assistés sociaux, les syndiqués, les intellectuels, les artistes et les étudiants que l'on accuse d'être responsables de la prétendue morosité économique du Québec et, en insistant lourdement, on appelle les auditeurs à se ranger derrière les grands barons du monde des affaires pour « relancer le Québec ». On plaide pour une responsabilisation individuelle, et on lance la classe moyenne dans une « croisade contre les impôts[10] », qui n'est rien d'autre qu'une guerre contre ce que les impôts financent : l'éducation, la santé publique, les retraites, la culture – bref, tout ce qui a permis à la classe moyenne québécoise de ne pas décliner dans les dernières années. Les très riches ont compris que, comme groupe, ils ont tout à gagner à nous persuader que nous, nous n'existons que comme individus.

La mobilisation médiatique qui a précédé l'annonce de la hausse des frais de scolarité en 2010 est

---

10. Paul Krugman, « The Tax-Cut Con », *The New York Times*, 14 septembre 2003, www.nytimes.com/2003/09/14/magazine/the-tax-cut-con.html?pagewanted=all&src=pm

saisissante : entre 2005 et 2010, sur les 143 chroniques ou éditoriaux traitant de la question, seulement 4 s'opposaient à la hausse[11]. Il est donc clair que sans la grève, sans les actions de perturbation économique, sans la rue et sa parole libre, sa spontanéité et son radicalisme, il n'y aurait jamais eu au Québec de débat sur la réorientation et la réorganisation des universités. Jamais. Un discours unique aurait circulé dans l'espace public, prétendant au consensus. Tous en seraient venus à juger normal que le détenteur d'un diplôme universitaire, qui lui garantit généralement des revenus supplémentaires, paie davantage pour sa formation. Youri Chassin, chercheur de l'Institut économique de Montréal (IEDM), compare ainsi le diplôme d'université à un « billet de loterie toujours gagnant ». Line Beauchamp a repris cet argument dans l'un des vidéos lancés au début de la grève pour convaincre les étudiants du bien-fondé de la hausse : dans sa vie, un diplômé universitaire ferait en moyenne 750 000 $ de plus que celui qui n'a qu'un secondaire. Un investissement de 1 625 $ qui génère 750 000 $ de rendement, qui pourrait refuser une telle offre, même au prix d'une dette de quelques dizaines de milliers de dollars ? N'eût été la grève, le Québec en entier en serait arrivé à concevoir l'éducation comme un « investissement » sur son

---

11. Simon Tremblay-Pepin, « Les médias et la hausse des frais de scolarité de 2005 à 2010 – 1ère partie », Institut de recherche et d'informations socio-économiques (IRIS), 4 février 2013, www.iris-recherche.qc.ca/blogue/les-medias-et-la-hausse-des-frais-de-scolarite-de-2005-a-2010-%E2%80%93-1ere-partie

«capital humain» en vue d'un salaire futur, et ce, sans l'avoir voulu.

Le concept de capital humain est utilisé par les économistes et les recteurs comme un terme *descriptif*: il décrirait adéquatement le mobile réel du comportement des étudiants. Guy Breton affirmait ainsi en janvier 2012 dans les pages du *Devoir* que «les gens ne veulent pas étudier pour étudier. Ils veulent étudier pour travailler[12]». Comme le souligne le sociologue français Christian Laval, l'argument est ici fortement circulaire: parce que les individus mieux instruits bénéficient généralement d'un meilleur salaire, on en conclut qu'il s'agit là de leur seule motivation à s'instruire. En réalité, les jeunes entreprennent des études universitaires pour des raisons variées: certains le font pour nourrir une de leurs passions, d'autres pour faire des découvertes ou pour exercer un métier qui les passionne, mais qui n'est pas nécessairement très payant. Or, en augmentant les frais de scolarité, on s'assure de restreindre cette liberté. La perspective d'intégrer le marché du travail en étant criblé de dettes exercera en effet sur l'étudiant une contrainte qui corsètera son esprit. Pour une dette de plusieurs dizaines de milliers de dollars, on sera tenté par les domaines offrant des emplois bien rémunérés qui permettront de la rembourser rapidement et d'améliorer le rendement de cet «investissement». Le concept de capital humain, comme justification de la hausse des droits de scolarité, est donc en réa-

---

12. Martine Letarte, «Université de Montréal – Une troisième avenue pour les partenariats», *Le Devoir*, 28 janvier 2012.

lité une *prophétie autoréalisatrice*. Loin de décrire ce qui est, il nous indique ce qui devrait être.

Le problème, comme l'a si justement résumé la philosophe Hannah Arendt, « ce n'est pas que les théories sont fausses, c'est qu'elles peuvent devenir vraies ». Le concept de capital humain, qui justifie le principe de la hausse, est de nature *prescriptive*. Ce n'est jamais qu'un projet funeste, prisé par les élites occidentales, mais qui rencontre heureusement beaucoup de résistance sur son chemin. Et pour cause ! Qui voudrait se conformer à une telle idée ? Le remboursement de la dette d'études ne se fait pas qu'en capital et en intérêts, il se fait aussi au prix de la modification des comportements, de l'adaptation du style de vie, d'une transformation de nos goûts et de nos intérêts[13]. Il a un puissant effet disciplinaire sur les personnes, il restreint considérablement leur liberté. Noam Chomsky décrit en ces termes la situation aux États-Unis : « Les étudiants qui doivent s'endetter sévèrement afin de poursuivre leurs études peuvent difficilement penser changer la société. Quand tu enfermes quelqu'un dans un système de dettes, il ne peut plus consacrer de temps à penser. Les hausses de frais de scolarité sont en soi une discipline scolaire et lorsqu'ils arrivent à la graduation, non seulement les étudiants sont lourdement endettés, mais ils ont aussi intériorisé cette culture disciplinaire. Ce qui fait d'eux des composantes efficaces de l'économie basée sur la consommation. » La pression

---

13. Mauricio Lazzarato, *La fabrique de l'homme endetté, essai sur la condition néolibérale*, Paris, Éditions Amsterdam, 2011, p. 81.

de l'endettement fait en sorte que l'étudiant intègre des exigences de performance dans son rapport à soi et aux autres, l'incite à ne valoriser que son potentiel économique, à ne réfléchir à ses actes qu'en termes d'efficacité et de rentabilité, et donc à taire ses vocations, son talent et sa curiosité intellectuelle. Véritable entrepreneur de lui-même, l'étudiant endetté s'ouvre des débouchés potentiels et se trouve des contacts payants ; il exige que l'université devienne un lieu de « réseautage » ; il gère le plus efficacement possible son horaire personnel dans un écartèlement de plus en plus difficile, mais de plus en plus rentable, entre travail salarié et études ; il regarde ses collègues avec suspicion et il est prêt à tout pour obtenir les meilleurs résultats possible.

L'économie, comme l'a si admirablement dit Margaret Thatcher, c'est la méthode. Le but, c'est de changer les âmes. La hausse des droits de scolarité va permettre une véritable « révolution culturelle » s'enorgueillissait Raymond Bachand. Ce que le ministre des Finances s'est bien gardé de préciser, c'est que l'ordre social qu'il voulait ainsi remplacer, c'était celui de la classe moyenne, et que cet ordre-là avait au moins un mérite : il tentait de libérer les personnes des nécessités économiques.

*

\* \*

Entre la gratuité scolaire et les droits d'admission à Harvard, il y a une marge, me rétorqueront les esprits habiles. L'État peut très bien soutenir les individus-entrepreneurs-investisseurs, comme on vient en aide aux personnes morales que sont les grandes entreprises. C'est généralement le type de « compromis » qu'on nous a proposé : cédez sur les principes, on aménagera des filets de sécurité pour les moins riches. La belle affaire ! On a qu'à se tourner vers le pays de madame Thatcher pour voir de quoi il en retourne lorsqu'on vend ainsi son âme au diable.

Lors d'une visite à Paris en décembre 2012, j'ai eu l'occasion de rencontrer Claire Callender, professeure et chercheuse au Higher Education Institute de l'Université de Londres et spécialiste des questions d'accessibilité de l'éducation supérieure. Il faut savoir qu'en matière de frais de scolarité, l'Angleterre est un véritable laboratoire : entre 1998 et 2012, à coups de réformes, elle est passée de la gratuité scolaire à l'un des systèmes d'éducation les plus « avancés » du monde en termes de privatisation du financement. Au moment d'écrire ces lignes, la dernière de ces réformes vient tout juste d'entrer en vigueur : un plan intéressant, en ce qu'il reprend la majorité des éléments proposés de notre côté de l'Atlantique par les *think tanks* « lucides » comme l'IEDM.

D'une part, le gouvernement britannique augmente à 9 000 £ (environ 15 000 $) le plafond des frais d'inscription. À l'intérieur de cette limite, les universités sont libres d'établir le prix de leur choix pour chacun de leurs programmes : il s'agit donc d'une quasi-dérégulation, assez près de ce que réclame à grands cris la droite québécoise. Fait intéressant : chaque étudiant, peu importe son revenu ou celui de sa famille, a droit à un prêt couvrant la totalité des frais encourus pour sa formation, et ce, pour toute la durée de son parcours universitaire. Autrement dit, l'étudiant jouit d'une gratuité scolaire totale le temps de ses études (il vit sur du temps emprunté, pour ainsi dire). Après l'obtention de son diplôme, le remboursement de son prêt est proportionnel à son revenu : on s'attend à ce que chaque étudiant gagnant plus de 21 000 £ rembourse progressivement sa dette à hauteur de 9 % de son revenu annuel. Les taux d'intérêt sont légèrement variables, mais ne dépassent jamais plus de 3 % l'augmentation du coût de la vie, ce qui les rend en général plus avantageux que la normale. À ce programme de prêt généralisé s'ajoute un vaste programme supplémentaire de prêt de subsistance, remboursable selon les mêmes modalités. Le gouvernement offre aussi un généreux programme de bourses, dont les critères sont un peu plus restrictifs. Finalement, un programme de bourses nationales récompense les meilleurs élèves provenant de milieux défavorisés en leur accordant de généreuses bourses d'excellence.

Si on en croit l'argumentaire des partisans de la hausse des frais de scolarité au Québec, il s'agit de la réforme idéale : la déréglementation permet à la fois d'augmenter le financement des universités, mais elle permet aussi d'associer étroitement le coût du diplôme à sa valeur sur le marché du travail, tout en favorisant une concurrence entre les établissements. De plus, le généreux programme de prêts et bourses assure à quiconque souhaite entreprendre des études supérieures qu'il en aura les moyens. Accessibilité, performance, qualité : le portrait semble parfait. La réalité est tout autre. J'ai moi-même été surpris de l'ampleur du désastre provoqué par cette réforme.

Les premiers résultats des recherches de Claire Callender sont troublants. Pour l'année scolaire 2012-2013 – donc à peine un an après l'instauration du nouveau système –, le nombre d'inscriptions aux universités anglaises est déjà en baisse de 10 % en moyenne, ce qui représente 57 000 étudiants de moins en une seule année. Pour les étudiants plus âgés, la baisse est encore plus drastique, soit entre 15 et 20 %. Selon les projections statistiques de la professeure Callender, une nouvelle chute de 10 % est à prévoir pour 2013-2014, un fléchissement qui s'ajouterait à celui de l'année précédente. Une hémorragie.

L'expérience britannique démontre le lien intime qui existe entre les frais de scolarité et la fréquentation des universités[14]. Les bricolages savants comme ceux de l'Angleterre, salués par l'OCDE, ou même ceux qu'imaginera Jean-François Lisée, n'y changent rien. La simplicité d'une mesure comme la gratuité scolaire, ses effets bénéfiques éprouvés, tant économiques, pour la classe moyenne, que culturels, son effet sur les âmes, pour parler comme

---

14. Comme Éric Martin et Maxime Ouellet le soulignent dans *Université Inc.*, en se référant aux travaux de l'IRIS, c'est également ce qu'on a observé au Québec dans les années 1990, alors qu'à la suite d'une forte augmentation des frais de scolarité, le taux d'accès a diminué de plus de 5 % entre 1992-1993 et 1997-1998, et que pendant les périodes de gel des frais de scolarité précédant et suivant cette hausse, il a crû de manière importante.

Thatcher, sont tels qu'il n'y aucune raison d'y renoncer.

On m'objectera que les frais de scolarité ne sont pas le seul facteur influençant la participation aux études supérieures. L'importance accordée par les parents à l'éducation, par exemple, joue également pour beaucoup dans la décision d'un jeune d'entreprendre des études universitaires. Cela est vrai. Il se peut même que le montant des frais de scolarité ne soit pas le facteur le plus influent. Ce qui m'apparaît évident, toutefois, c'est qu'il est le seul facteur sur lequel nous pouvons agir politiquement. Voilà pourquoi l'enjeu de l'accès à l'université est l'objet d'âpres débats politiques partout dans le monde, en Chine, au Chili, en Angleterre, au Québec et même aux États-Unis.

Cela me permet un pronostic : on n'a pas fini d'entendre parler des mouvements étudiants.

# CHAPITRE 5

# L'EXCELLENCE?

*Si la bêtise ne ressemblait pas
à s'y méprendre au progrès, au talent,
à l'espoir ou au perfectionnement,
personne ne voudrait être bête.*

Robert MUSIL

En mai 2012, alors que la grève s'intensifiait, un collectif de personnalités bien connues signait une lettre dans *Le Devoir* pour exiger de l'État qu'il sonne la fin de la récréation. Les signataires appelaient de leurs vœux un geste autoritaire: «Il faut rétablir l'ordre, les étudiants doivent retourner en classe.» Le gouvernement, qui n'était manifestement pas insensible à toutes les revendications, les a exaucés deux semaines plus tard avec le dépôt du projet de loi 78. La lettre était signée par les oiseaux de malheur habituels, ceux qui prédisent rituellement le déclin du Québec, la faillite de l'État et la banqueroute de l'ensemble des services publics: Joseph Facal, Lucien Bouchard, Michel Audet, Monique Jérôme-Forget, Claude Montmarquette, Yves-Thomas Dorval, Robert Lacroix. Ces chiens

de garde de l'orthodoxie économique conserva-
trice avaient intitulé leur texte « Universités – Faisons
le choix de l'excellence[1] », citant un argument – l'excellence – qui était devenu un des leitmotivs des
partisans d'une hausse substantielle des droits de
scolarité, comme si le prix de l'éducation était l'expression de sa valeur. L'excellence ? Je veux bien,
mais on peut se demander ce que valent les appels
à l'excellence, et surtout s'ils ne servent pas de para-
vents à la médiocrité ?

De quoi l'université de l'excellence est-elle le
nom ? Bill Readings, qui fut professeur à l'Université de Montréal, offre une éclairante réponse à
cette question dans un essai intitulé *Dans les ruines
de l'université*[2]. Aujourd'hui, explique-t-il, l'excellence s'est substituée à la culture et à la raison
comme fin ultime de l'activité universitaire. Ce
nouvel objectif, aussi clinquant que dénué de sens,
est le maître mot des universités livrées à elles-
mêmes dans le marché globalisé de l'éducation.
L'université de l'excellence, c'est celle qui se déna-
tionalise, celle qui répudie l'héritage qu'elle a reçu
de la modernité, celle qui abandonne par le fait
même son objectif initial : rendre la culture d'un
peuple digne de son humanité.

Jacques Derrida, philosophe français auquel
on ne peut reprocher son conservatisme, a très
justement décrit et souligné l'inestimable valeur

---

1. Collectif, « Universités – Faisons le choix de l'excellence », *Le Devoir,* 2 mai 2012.
2. Bill Readings, *Dans les ruines de l'université,* Montréal,
Lux, 2013.

du modèle classique de l'université, aujourd'hui menacé :

> [...] l'université moderne devrait être sans condition. Par « université moderne », entendons celle dont le modèle européen, après une histoire médiévale riche et complexe, est devenu prévalent, c'est-à-dire « classique », depuis deux siècles, dans des États de type démocratique. Cette université exige et devrait se voir reconnaître en principe, outre ce qu'on appelle une liberté académique, une liberté inconditionnelle de questionnement et de proposition, voire, plus encore, le droit de dire publiquement tout ce qu'exigent une recherche, un savoir et une pensée de la vérité. [...] L'université fait profession de la vérité. Elle déclare, elle promet un engagement sans limites envers la vérité[3].

Il suffit de tendre l'oreille aux discours des recteurs des universités québécoises pour comprendre qu'aucune de ces vertus, ni « l'engagement sans limites envers la vérité » ni « la liberté inconditionnelle du questionnement », n'entre dans la composition de l'excellence que ces derniers prétendent cultiver dans leurs établissements. L'ancienne rectrice de l'Université Concordia, Judith Woodsworth[4], l'a démontré en expliquant à des

---

3. Jacques Derrida, *L'université sans condition*, Paris, Galilée, 2001, p. 11.
4. Judith Woodsworth a quitté son poste de rectrice dans la controverse en décembre 2010. Elle a eu droit à une généreuse prime de départ (700 000 $). Il n'est pas clair si elle fut congédiée ou si elle a démissionné. L'ancienne rectrice a voyagé aux frais de Bell pour assister aux Jeux olympiques de Vancouver en 2010. Or, Bell a obtenu de Concordia un important contrat de 900 000 $ dans les mois suivants. L'université a

gens d'affaires réunis par le Cercle canadien de Montréal ce qu'elle entendait par « faire le choix de l'université de l'excellence » :

> En tant que chef d'établissement universitaire, je souhaite attirer votre attention sur l'énorme potentiel de nos universités. Je veux que vous nous considériez comme *moteurs du développement économique et comme centres d'entrepreneuriat intellectuel*, dotés des compétences et du savoir-faire nécessaires pour relever les défis de la société tout comme ceux de l'économie. Je vous demande donc d'agir et de *nous aider à vous aider*. Portez-vous à notre défense, participez à nos recherches, embauchez nos diplômés et appuyez nos efforts pour obtenir un meilleur financement. Toute la société en bénéficiera. Nous devons cependant faire plus. Nous avons négligé de maintenir et d'exploiter le capital humain et intellectuel de nos établissements postsecondaires[5].

Judith Woodsworth terminait son envolée en déplorant, au nom de l'ensemble des universités de l'île de Montréal, que la société québécoise tarde à s'emparer de la « puissante ressource » que représente l'université pour relever ses « défis économiques et sociaux ». Le 5 octobre 2012, son homologue de l'Université de Montréal, Guy Breton, donnait un avant-goût des conséquences de cette nouvelle orientation lors des très sélects Rendez-vous du savoir organisés par le Conseil des

---

toujours réfuté l'existence d'un conflit d'intérêt. Voir Kathleen Lévesque, « Concordia tente de calmer le jeu », *Le Devoir,* 11 janvier 2011.

    5. Éric Martin et Maxime Ouellet, *Université inc.*, *op. cit.*, p. 13.

relations internationales de Montréal (CORIM). Désormais, a-t-il déclaré sans ambages, « les cerveaux doivent correspondre aux besoins des entreprises ». L'université classique, celle du Siècle des Lumières, exigeait une « liberté inconditionnelle » et rêvait d'esprits bien faits. Celle dont rêve Guy Breton livrera *just in time* des cerveaux au marché.

Le recteur de l'Université de Montréal est depuis quelques années élu par un conseil d'administration formé d'une majorité d'intervenants du secteur privé. On appelle cette pratique « la bonne gouvernance », laquelle consiste à dissocier formellement la bureaucratie des enseignants chercheurs, des étudiants et des employés. D'un côté les décideurs, de l'autre les salariés qui font rouler l'usine à cervelles. On a bien vu, pendant la grève, à quel point les rapports entre l'administration et la communauté universitaire s'étaient détériorés. Pour obtenir une injonction interlocutoire visant à bannir les manifestations politiques sur le terrain de l'Université de Montréal, les avocats de la direction n'ont pas hésité à plaider devant la Cour supérieure du Québec que le campus était une propriété privée, « tout comme un centre commercial ». L'administration jugeait légitime d'interdire toute action qui entraverait le déroulement normal des activités de son « centre commercial ». Suivant cette logique, de nombreuses directions universitaires ont appelé la police à la rescousse afin de forcer les professeurs à donner leurs cours. On a assisté à des scènes surréalistes de policiers armés sommant des professeurs d'enseigner, ou de gardes de sécurité hurlant à des chargés de cours d'entrer en classe. À l'Université du Québec en Outaouais (UQO), un professeur s'est fait interpeller pour être allé chercher un livre dans son bureau et a dû répondre à des accusations d'entrave au travail des policiers. L'excellence des recteurs ne viendra pas au monde naturellement. C'est par la force, semble-t-il, qu'on l'accouchera.

Le mot université vient du latin *universitas,* qui signifie littéralement « tourné vers l'unité », indiquant ainsi que l'institution vise à former une communauté de savants, et que connaître, c'est toujours connaître avec les autres. Cela évoque l'universel, dénote un intérêt pour l'ensemble des savoirs. Les bureaucrates qui dirigent actuellement nos universités ont renié pratiquement tous ces principes et se désintéressent de la communauté universitaire. En forçant *manu militari* les profs à offrir à leurs « clients » les « prestations » pour lesquelles ils étaient payés, les recteurs ont agi comme des contremaîtres soucieux de presser le citron de leurs salariés pour que la *shoppe* continue de rouler, pour maintenir le taux de diplomation à l'aune duquel on mesure l'excellence.

Bien sûr, les universités ne sont heureusement pas devenues des usines à saucisses. L'intelligence y possède encore ses droits, l'enseignement et la recherche fondamentale aussi. On ne reprochera pas non plus à ceux qui y étudient d'espérer trouver un bon emploi une fois leur diplôme obtenu, mais il faudrait être naïf pour croire que les discours mercantiles des recteurs n'ont pas d'incidence sur la culture; il faudrait être aveugle pour ne pas voir les changements profonds qui affectent aujourd'hui l'institution. Nous devons mesurer le bouleversement que représente l'avènement de l'université de l'excellence. La privatisation des savoirs, l'intrusion de la quantité dans le royaume de la qualité, de la cupidité dans le domaine de la réflexion désintéressée, la mainmise des bureaucrates sur l'institution, la marchandisation des diplômes, la clientélisation des étudiants, la réduction des maîtres au rang de simples salariés, ces phénomènes dénotent un projet cohérent, dont on peut sérieusement soupçonner qu'il n'ait d'excellent que le nom. Rien de tout cela ne correspond à l'idée que les Grecs se faisaient de l'*arété* (le nom qu'ils donnaient à l'excellence de manière générale), qu'ils chérissaient plus que n'importe quelle autre vertu. L'excellence évoquait alors la conformité d'une chose à sa raison d'être, à son but. On attribuait à l'arc et au cheval des formes d'excellence qui leur étaient propres. Pour l'être humain, cette qualité supposait un effort, une faculté de s'élever, d'exercer et de développer l'ensemble de ses dispositions, mais surtout celle qui les englobe toutes : la connaissance et la sagesse. Aujourd'hui, on l'a vu, cette notion désigne la substitution des idéaux ou des finalités culturelles de l'éducation par la logique de l'intérêt et de l'argent.

Les fondateurs de l'université moderne, celle des Lumières, ont défini l'organisation et la finalité sociale de l'institution en s'inspirant de la pensée de philosophes comme Kant, Herder ou Humboldt. Elle incarnait une idée forte. L'université de l'excellence, quant à elle, est une entreprise dont la fonction est de produire des diplômés; une université centrée sur sa propre bureaucratie, et dont le plus grand titre de gloire serait d'être une bonne servante de l'économie. Cette université soi-disant ouverte sur le monde, c'est-à-dire sur le marché global de l'éducation, se ferme en fait sur elle-même, et n'a plus d'autres référents que ses propres opérations pour juger de son efficacité. C'est ce vide qu'on appelle l'excellence. On en sonde la profondeur abyssale avec des indicateurs de performances : taux de diplomation, dons aux fondations, liens avec l'entreprise, victoires des équipes sportives, nombre de prix Nobel, nombre de bourses obtenues, etc. À cette mascarade économique, avec ses étudiants-consommateurs, ses diplômes-marchandises, ses espaces publicitaires, il ne manquait qu'une bourse ou une agence de notation pour fixer la valeur des écoles sur le marché du savoir. On a donc inventé les palmarès mondiaux des universités.

L'excellence, résume Bill Readings, c'est l'idéal d'une université tombée sous le joug de ses bureaucrates, et qui n'arrive plus à se définir autrement que par la gestion de ses opérations (ou *gouvernance* en novlangue). Elle s'accompagne de l'habitude, pour l'université, de ne plus avoir d'idées, ou à tout le moins de ne plus se soucier d'en avoir. Le mandat du recteur, un administrateur-bureaucrate, se limite à celle de n'importe quel *businessman* : soigner l'image de son organisation, développer des «plans de réussite», maintenir à flot l'entreprise, attirer des clientèles, offrir un bon service à l'étudiant-consommateur, honorer le «contrat de performance » que lui impose l'État en fabriquant des diplômés et en les livrant au marché du travail dans les délais annoncés, attirer les investisseurs en leur fournissant une main-d'œuvre spécialisée, mais également des chercheurs qui puissent contribuer à leur prospérité.

C'est dans ce contexte qu'il convient de situer les nombreux scandales de mauvaise gestion des universités québécoises. L'université moderne s'efforçait de recruter les meilleurs savants, les meilleurs étudiants, et on la raillait lorsqu'elle devenait dogmatique. L'université de l'excellence se préoccupe d'avoir de bons administrateurs, et on la critique lorsqu'on juge qu'elle est mal gérée. Le 25 avril, alors que la première ronde de négociations venait d'échouer, on révélait en une du *Journal de Québec* que les recteurs québécois entamaient un voyage au Brésil organisé par l'Association des universités et des collèges du Canada, visant à recruter de nouveaux étudiants. Mais pas dans n'importe quelles conditions : la célèbre rectrice de l'Université McGill, Heather Monroe-Blum, avait émis le souhait de voyager en classe affaires, faisant ainsi monter le coût des billets à 9 470 $, sans compter les factures d'hôtel cinq étoiles à Rio de Janeiro et Sao Paulo. Les recteurs servaient ainsi aux associations étudiantes un argument en or : comment les administrateurs des universités osaient-ils demander davantage aux étudiants alors qu'ils dilapidaient leurs fonds dans ce genre de frivolités ?

Cependant, la plupart des faits cités par les étudiants pour dénoncer la mauvaise gestion des deniers de l'université sont présentés par les tenants de l'excellence comme de la saine gestion. Une rectrice qui juge que l'établissement qu'elle dirige doit être compétitif sur le marché international de l'éducation supérieure n'a aucune raison de refuser un voyage d'affaires visant à trouver de nouveaux débouchés outre-mer pour sa marchandise. Loin d'être une dépense insensée, il s'agit là d'un investissement judicieux. Il est donc tout aussi impératif de confier son administration à des gestionnaires et des technocrates professionnels. Ainsi, loin d'être un exemple de dilapidation des fonds, l'octroi d'un salaire de près de 500 000 $ à la rectrice de l'Université McGill ou l'augmentation de 100 000 $ de celui de l'Université Laval[6] apparaissent tout à fait normaux. Pour attirer les meilleurs gestionnaires dans nos universités, il convient de les rémunérer de manière compétitive. Ainsi va la vie au sein de la super élite du système mondial des universités, où le mérite et la qualité sonnent et trébuchent.

Les organisations étudiantes n'ont donc pas hésité, pendant la grève, à dénoncer la dilapidation des fonds publics par les universités québécoises. C'était de bonne guerre. Mais à prendre cette critique trop au sérieux, on s'avance sur une pente savonneuse. Pensant défendre le bien commun, on ne fera en réalité qu'ajouter une nouvelle composante à la mécanique bureaucratique de l'université de l'excellence. L'enseignement et la recherche n'y gagneront rien. Martine Desjardins a fait des recteurs sa tête de Turc pendant la grève, non sans

---

6. Daphnée Dion-Viens, «Augmentation du salaire du recteur de l'Université Laval : décision mal avisée», *Le Soleil*, 12 mars 2011.

raison, mais elle se trompait de cible en leur reprochant leur «mauvaise gouvernance», en exigeant
à cor et à cri un «conseil des universités», comme
si l'université était une laitue dont l'État devait
garantir la fraîcheur. C'est la bureaucratisation de
l'université qu'il faut critiquer, pas ses bureaucrates, c'est l'imposture culturelle et intellectuelle
de «l'université de l'excellence» qu'il faut dénoncer, pas sa gestion. Gratuite, l'université de l'excellence n'en serait pas moins creuse, sa bêtise n'y
gagnerait en fait qu'une vertu : elle s'en trouverait
démocratisée. Une telle victoire serait un mirage,
puisque le monstre techno-bureaucratique que
l'on combattait ne s'en trouverait que revigoré.

*
*  *

Si les recteurs voyagent partout dans le monde,
c'est bien parce que cette privatisation massive de
l'éducation supérieure n'a rien de proprement québécois. On le sait, depuis les dernières décennies,
les économies des pays développés ont beaucoup
changé : avec la délocalisation massive de la production manufacturière vers les pays émergents,
elles sont progressivement devenues des économies
de création-conception. Biotechnologie, pharmaceutique, télécommunication, micro-informatique,
ce sont là des domaines nécessitant une main-
d'œuvre hautement qualifiée, des équipements de
pointe et, surtout, des sommes considérables en
recherche et développement avant de pouvoir produire des résultats commercialisables. Des investissements coûteux et risqués, que les entreprises

privées hésitent à faire. C'est ici que les universités entrent en scène, comme l'indique Mélanie Bourassa Forcier, professeure de droit pharmaceutique à l'Université de Sherbrooke :

> Il faut accepter que les compagnies pharmaceutiques au Canada ne fassent pas beaucoup d'innovations par elles-mêmes. Il ne faut pas le voir d'un mauvais œil : ce sont des sociétés privées qui veulent faire des profits. Il faut maintenant voir, nous, comment on peut tirer profit d'une situation comme celle-là. Et comprendre que les entreprises peuvent quand même rester des investisseurs importants en innovation, dans sa commercialisation, par exemple[7].

Bref, dans cette nouvelle dynamique, les universités – financées à même les fonds publics et les frais de scolarité – offrent de plus en plus des services de sous-traitance en recherche et développement aux entreprises privées qui, par la suite, en commercialisent les résultats et, bien sûr, engrangent les profits. Dans les hautes sphères de ce monde, on l'affirme sans état d'âme : afin de rester compétitifs, les pays développés doivent mettre leurs systèmes d'éducation au service de cette « économie du savoir ». Dans cette nouvelle réalité, l'étudiant prend le double statut de client – aux yeux de l'université – et de marchandise – aux yeux des entreprises qui prétendent investir dans l'éducation. Cet expert de l'OCDE résume cela candidement :

> L'intelligence, lorsqu'elle est mise en valeur par l'éducation, en d'autres termes le *capital humain,* est

---

7. Cité dans Éric Martin et Maxime Ouellette, *Université inc., op. cit.,* p. 109.

en train de devenir rapidement une ressource économique primordiale et il se produit que cet *impératif* donne peu à peu naissance à un modèle éducatif international. Les pays membres de l'ocde attendent de leurs systèmes éducatifs et de divers programmes de formation professionnelle qu'ils participent en force à la croissance économique et ils adoptent des réformes en ce sens[8].

Nos voisins du Sud sont les chefs de file mondiaux de ce processus. Ils ont été les premiers à permettre aux universités de breveter le résultat de recherches financées à même les deniers publics afin de les revendre à l'entreprise privée, grâce à l'adoption du célèbre Bayh-Dole Act en 1980. Immédiatement, les investissements privés dans la recherche universitaire ont bondi en flèche. Aujourd'hui, forts de cette avance historique, les États-Unis sont encore à l'avant-garde de la privatisation de leur réseau d'éducation supérieure, comme en témoignent ces palmarès universitaires bien connus dont les premiers rangs sont systématiquement occupés par les grandes écoles américaines de la Ivy League.

En janvier 2013, alors que le débat sur le financement des universités faisait rage au Québec, en marge du sommet organisé par le pq, François Legault s'inspirait du célèbre cri du cœur d'Elvis Gratton : « Les Amaricains, ils l'ont l'affaire ! » Legault avouait candidement son admiration pour le modèle universitaire américain : « Pour moi, le rêve, c'est la Silicon Valley, avec les universités Standford et Berkeley. C'est ce modèle-là que le

---

8. Christian Laval, *L'école n'est pas une entreprise*, Paris, La Découverte, 2004, p. 22.

Québec devrait suivre. Et ce n'est pas mettre de côté la formation générale que de dire ça, c'est simplement de miser sur ce qui est bon pour le développement économique du Québec[9].» Lorsque les recteurs et le milieu des affaires parlent de «briller parmi les meilleurs», de «rivaliser avec les plus grandes universités» et «d'améliorer le positionnement concurrentiel» de nos universités, c'est dans le sillage de ces universités d'élite qu'ils veulent que nous nous lancions. Or, l'avantage d'être si près des Américains – il faut bien qu'il y en ait un – est de n'avoir qu'à jeter un coup d'œil de leur côté de la frontière pour constater avec effroi la catastrophe culturelle, sociale et économique à laquelle mène le projet de «l'université de l'excellence».

Dans son livre *L'empire de l'illusion*[10], le journaliste et récipiendaire du prix Pulitzer Chris Hedges dresse un portrait effarant du modèle tant admiré par monsieur Legault. Les universités américaines, observe le journaliste, ne favorisent plus la pensée critique et contribuent activement à la propagation de l'inculture et à la dépolitisation massive de la population américaine.

L'impact sur la liberté académique est catastrophique. Noam Chomsky, chercheur au Massachusetts Institute of Technology, relate dans un de ses articles qu'un étudiant en sciences informa-

9. Marie-Andrée Chouinard, «Financement de l'enseignement supérieur – La question à 3 milliards», *Le Devoir*, 12 janvier 2013.

10. Chris Hedges, *L'empire de l'illusion. La mort de la culture et le triomphe du spectacle*, Montréal, Lux, 2012.

tiques aurait refusé de répondre à une question d'examen – dont il connaissait pourtant la réponse – parce qu'en répondant, il risquait de contrevenir au secret que lui imposaient ses activités de recherche[11]. Ici, comme le soutien Christian Laval, «la valeur marchande des recherches l'emporte sur leur portée de vérité [...] ou, pour le dire autrement, la vérité, socle jusque-là de l'activité théorique, est "déconstruite" par le marché[12]». Dans leur course aux fonds de recherche privés, ces universités se soumettent à l'arbitraire des puissances économiques qu'elles courtisent. Le prix d'une telle servitude est parfois élevé : Ibrahim Warde rapporte qu'au début des années 2000 la multinationale Nike a suspendu son appui financier aux universités Michigan, Oregon et Brown parce que des étudiants auraient contesté ouvertement le fait que la firme emploie des enfants dans certains pays[13].

De plus, on remarque une corrélation douteuse entre la hausse du coût de l'inscription et la hausse des notes moyennes des étudiants, ce que Howard Hotson, président de l'International Society for Intellectual History[14], interprète comme un symptôme du clientélisme engendré par des droits de scolarité exorbitants. On n'ose plus faire échouer un «client» qui a déboursé 15 000 $, voire 50 000 $, pour ses études. La dette étudiante globale, quant à elle, explose, si bien que la revue The Economist

11. Christian Laval, *op. cit.*, p. 56.

12. *Ibid.*, p. 56.

13. *Ibid.*

14. Howard Hotson, «Don't Look to the Ivy League», *London Review of Books*, vol. 33, n° 10, 19 mai 2011, p. 20-22.

redoutait en 2011 que ces créances ne soient le déclencheur de la prochaine bulle spéculative[15]. Une prédiction qui pourrait se réaliser, car le 22 mars 2012 – comble de l'ironie – on annonçait dans les pages de *Forbes* que la dette étudiante globale aux États-Unis avait officiellement franchi le trillion de dollars[16]. La crise économique limite les revenus des diplômés qui, confrontés à un si faible « retour sur l'investissement », peinent à rembourser leur dette.

Aux États-Unis, toutes les craintes exprimées par les étudiants lors de la grève du printemps 2012 se sont concrétisées. Déséquilibre dans les disciplines, érosion du nombre de professeurs, explosion du nombre de cadres, atteintes à la liberté académique, clientélisme, nivellement de l'enseignement vers le bas, endettement démesuré qui menace la stabilité économique, agonie de la classe moyenne. Voilà le modèle qu'on nous propose d'importer au Québec !

Déjà, en 1971, le sociologue Fernand Dumont résumait clairement le choix que nous avons à faire : « Ou bien nous ferons de nos universités de piètres répétitions ou de ridicules modèles réduits des institutions les plus prestigieuses (ou les plus riches) d'alentour ; ou bien nous déciderons que c'est en revenant aux intentions fondamentales de l'apprentissage et pour un pays comme celui-ci

---

15. « Nope, Just Debt », *The Economist,* 29 octobre 2011, www.economist.com/node/21534792

16. Sheryl Nance-Nash, « Student Loan Debt: $1 Trillion and Counting », 22 mars 2012, www.forbes.com/sites/sherylnance nash/2012/03/22/student-loan-debt-1-trillion-and-counting/

que les objectifs doivent être formulés. » Le printemps 2012 nous a rappelé ce choix : l'université de l'excellence est un projet auquel nous n'avons pas à souscrire. L'idéologie du « tout au marché » qui la motive est un danger pour l'éducation publique et, par conséquent, une menace pour la culture. Pour un pays inachevé, culturellement fragile comme le nôtre, cette voie me semble périlleuse. Une fois la menace identifiée, on voit toute l'inconséquence politique des indépendantistes comme Joseph Facal, Lucien Bouchard – si tant est qu'il soit encore souverainiste – ou Mathieu Bock-Côté, qui appuient un projet aussi dommageable pour la culture et l'identité québécoises.

« Les choses américaines, ce seront toujours les Américains qui les feront le mieux », écrivait le sociologue Marcel Rioux. Ce qu'on appelle « excellence » est un projet culturellement mortifère et, au fond, tout simplement bête : mimer les errements des autres, ce n'est ni être libre ni s'épanouir collectivement. Entre l'original et la copie, nos concitoyens préféreront toujours l'original. En 2012, la jeunesse a voulu montrer l'absurdité de ce projet de dénationalisation des universités : dans cette course, le Québec n'a rien à gagner, si ce n'est la médiocrité et l'ignorance qui, on le voit bien, dérèglent actuellement l'espace public américain.

Contre cette tentative d'américanisation du système d'éducation québécois, la jeunesse a répondu par une défense en règle des principes hérités de la Révolution tranquille qui, s'ils ne sont pas parfaits, présentaient tout de même un compromis intéressant entre un souci de l'utilité publique et le projet humaniste et républicain d'une démocratisation de l'éducation. Les cégeps continuent d'incarner ce projet. Les attaques auxquelles ils font face sont, en ce sens, symptomatiques de la menace qui plane sur l'accès à l'éducation durement acquis dans les années 1960. De plus en plus, les administrateurs de ces établissements intègrent eux aussi la mentalité managériale qui ravage nos universités. Ils considèrent les cégeps comme des comptoirs de services et, poussés par des bonus au rendement et des plans stratégiques de toutes sortes, ils consacrent tous leurs efforts à la diplomation au détriment de la qualité de l'enseignement. Les cégeps ont été conçus pour allier savoir technique, professionnel et culture générale. On ne s'étonnera donc pas que François Legault s'y oppose vigoureusement. Ce qui est plus inquiétant, c'est de voir le nombre croissant d'administrateurs de cégeps et de fonctionnaires qui se rangent à ses côtés, comme en témoigne leur méfiance répétée envers l'enseignement obligatoire de la philosophie.

D'aucuns prétendent que la disparition d'un certain raffinement intellectuel est une conséquence inévitable de la « démocratisation » de l'éducation, d'autres clament que la défense de l'université classique ou de l'éducation humaniste est une réaction élitiste, un rappel romantique de la bonne vieille époque du cours classique. L'université moderne était une institution de l'élite, soit, et l'université contemporaine accueille les masses en son sein. La dévalorisation culturelle qu'elle subit aujourd'hui découlerait-elle de son ouverture à la plèbe dont on dit qu'elle se préoccupe davantage de remplir son estomac que de nourrir son esprit? L'université perdrait-elle sa valeur dès lors que le peuple y met les pieds? Si cela était vrai, force serait de conclure que c'est la démocratie elle-même qui est impossible, ou qu'elle ne peut être rien de plus qu'une procédure de sélection des chefs, seuls détenteurs du savoir nécessaire à l'administration de la société, comme voudraient nous le faire accroire les conservateurs américains.

Il est faux de dire que nous devons choisir entre culture générale et démocratie, entre savoir libre et justice sociale. L'objectif de l'université ne doit pas être de former, *à tout prix*, le plus de gens possible, et surtout pas de les former *n'importe comment*. Nous n'avons pas à choisir entre le modèle d'excellence des recteurs-*buisinessmen* et celui des universités élitistes d'antan. Devant la défaite consommée du projet de «l'université-fabrique-de-ronds-de-cuir», pour reprendre l'expression de l'Association nationale des étudiantes et étudiants du Québec (ANEEQ), nous devons aujourd'hui penser une université accessible et gratuite, libre de poursuivre sa vocation universelle et qui offre aussi une solide formation professionnelle. Cela demande beaucoup de courage et d'imagination, comme ceux dont a fait preuve la jeunesse au printemps 2012, et il ne me semble donc pas du tout naïf de croire qu'un tel projet puisse se poursuivre au Québec.

# UNE LUTTE

# CHAPITRE 6

# DES INDIENS SANS CHEF ?

> *Il y a en permanence une orthodoxie, un ensemble d'idées que les bien-pensants sont censés partager et ne jamais remettre en question. Dire telle ou telle chose n'est pas exactement interdit mais « cela ne se fait pas », exactement comme à l'époque victorienne cela « ne se faisait pas » de prononcer le mot « pantalon » en présence d'une dame. Quiconque défie l'orthodoxie en place se voit réduit au silence avec une surprenante efficacité. Une opinion qui va à l'encontre de la mode du moment aura le plus grand mal à se faire entendre, que ce soit dans la presse populaire ou dans les périodiques destinés aux intellectuels.*
>
> George ORWELL.

Le lundi 23 avril, les événements se bousculent. La fin de semaine précédente, après de longues tergiversations, la CLASSE a adopté en congrès une proposition condamnant la violence physique délibérée envers les individus, tout en réaffirmant son adhésion aux principes de la désobéissance civile. En matinée, le chef de cabinet de Line Beauchamp,

Philippe Cannon, a annoncé au négociateur de la CLASSE, Philippe Lapointe, que nous étions acceptés à la table de négociation. Après des mois d'attente, le gouvernement libéral se décide enfin à discuter. Sur l'heure du midi, la ministre de l'Éducation Line Beauchamp tient une conférence de presse. Pendant qu'elle parle, je suis en ligne avec RDI, à l'émission de Simon Durivage, où l'on me demandera de réagir à ses propos. Dans son point de presse, la ministre demande aux trois associations étudiantes nationales de décréter une « trêve » de 48 heures, pour « permettre l'établissement d'un climat propice aux discussions ». Plus précisément, elle exige que nous renoncions à toute action de perturbation, mais spécifie que les manifestations « classiques » peuvent continuer. Je suis dans l'autobus avec l'attaché de presse de la CLASSE, Renaud Poirier St-Pierre, et nous regardons la conférence de presse... sur un écran de téléphone cellulaire. Nous sommes pour le moins surpris d'apprendre ces nouvelles exigences de la ministre Beauchamp puisque trois heures plus tôt, son chef de cabinet nous avait dit que nous étions invités aux négociations *sans aucune condition*. La ministre tient-elle réellement à ce qu'ait lieu ce rapprochement que la population réclame ?

À 12 h 40, mon entretien téléphonique avec Simon Durivage débute. Bien sûr, celui-ci démarre l'entrevue en me demandant si j'accepte cette trêve. Je suis pris de court par cette question. Comme on m'a dit que la conférence de presse annoncerait simplement notre inclusion à la table de négociation, je n'ai pas consulté mon exécutif au sujet d'un éventuel et improbable ultimatum du gouvernement. En tant que porte-parole, je me suis vu confier un rôle bien précis, celui de défendre les positions du congrès dans la sphère publique, une responsabilité qui ne confère aucun pouvoir décisionnel, pas plus à moi qu'à ma collègue Jeanne Reynolds. Au sein du congrès hebdomadaire, chaque association étudiante membre de la coalition détient un droit de parole et de vote : les décisions ainsi prises doivent être appliquées et défendues par les élus nationaux, notamment les porte-parole. Les décisions politiques et les orientations stratégiques sont exclusivement adoptées par le congrès. Au moment où cet animateur me demande si j'accepte la demande de trêve du gouvernement libéral, il y a quatre ans que je milite dans le mouvement étudiant et je sais pertinemment que je n'ai pas le pouvoir de lui répondre.

Je sais aussi, en revanche, que le plan d'action officiel de la CLASSE, adopté par le congrès, ne prévoit aucune action de perturbation ou de blocage dans les 48 heures à venir. Je décide donc de me sortir de cette impasse en disant la plus pure vérité à l'animateur. Si, en tant que porte-parole, je n'ai pas l'autorité de décréter une trêve, je peux cependant informer le public et la ministre de l'Éducation que l'organisation que je représente ne prévoit aucune action de perturbation ou de blocage. En ce sens, la trêve est *de facto* en vigueur. Que la ministre soit rassurée : aucune action de la coalition ne viendra troubler les négociations. Manifestement, mon raisonnement irrite Simon Durivage. Il répète sa question et moi ma réponse. Cette fois, il m'interrompt, me reprochant d'esquiver le problème. Au contraire, lui dis-je, mes propos sont très clairs : la coalition n'a prévu aucune action de perturbation ou de blocage dans le délai fixé par Line Beauchamp, la question de la trêve est par conséquent sans importance. À quoi bon signer un cessez-le-feu s'il n'y a pas de bataille ? Il me demande sèchement de prendre mes responsabilités, d'arrêter de me défiler. Je tente de lui réexpliquer les limites que m'impose mon rôle de porte-parole et c'est alors qu'il me raccroche tout simplement la ligne au nez. Je suis bouche bée. J'aurais pu m'attendre à un tel traitement de la part de certains médias privés, mais à Radio-Canada ? Cela me dépasse. Raccrocher au nez d'un invité ? Je me retourne vers mon attaché de presse et je lui raconte l'entrevue. Nous sommes tous deux estomaqués.

Pendant que Simon Durivage me passe un savon, Philippe Lapointe s'empresse de rappeler le chef de cabinet de Line Beauchamp pour s'enquérir de leurs intentions. On le rassure : les négociations commenceront bel et bien dans les prochaines heures. Malgré ma réponse ambiguë et mon refus de prononcer en ondes le sésame de la ministre, les négociations débuteront ce jour-là entre le gouvernement et les associations étudiantes. Voilà qui confirme mes doutes : la demande de trêve n'est qu'un prétexte pour donner une énième conférence de presse et montrer les étudiants comme des perturbateurs, une mise en scène pour gagner l'opinion publique à l'idée que les grévistes seraient les seuls responsables des tensions sociales et du « désordre ». Voilà qui montre à quel point le discours des libéraux sur la « violence » des étudiants n'était rien d'autre qu'une opération de communication vide, une indignation morale de façade, probablement planifiée longtemps avant que la première association étudiante n'entre en grève.

Le soir même, cette affaire absurde atteint de nouveaux sommets. Des militants montréalais organisent, grâce aux réseaux sociaux, un rassemblement spontané sous le slogan « Fuck la trêve », une des premières manifestations nocturnes. Quelques vitrines sont brisées le long du parcours et Line Beauchamp saute sur l'occasion pour rejouer le mauvais film de 2005. À l'époque, le gouvernement n'avait négocié qu'avec la FEUQ et la FECQ, invoquant le prétexte de la violence pour se débarrasser de l'association étudiante moins docile (la CASSÉÉ[1]). Finalement, la FECQ et la FEUQ avaient réglé le conflit de 2005 en signant une entente discutable, que plusieurs grévistes avaient d'ailleurs rejetée. Le lendemain de la manifestation nocturne, donc, Line Beauchamp s'empresse d'exclure la CLASSE de la table des négociations, arguant que celle-ci aurait « brisé la trêve ». Le jeu de la ministre est d'un ridicule achevé. Line Beauchamp nous renvoie de la table de négociation sous prétexte que la manifestation de la veille aurait été inscrite au calendrier du site web de la CLASSE – un babillard public, comme c'est souvent le cas sur le web. Elle en déduit que la coalition a fait la promotion

---

1. La coalition de l'Association pour une solidarité syndicale étudiante élargie (CASSÉÉ) était la coalition qui, comme la CLASSE en 2012, réunissait les associations étudiantes plus militantes que les fédérations FECQ et FEUQ.

de l'événement, aussi bien dire qu'elle l'a organisé, et que par conséquent nous avons rompu une trêve que nous n'avons pourtant jamais signée. Comble de l'ironie, la manifestation qui a tant ulcéré la ministre a été organisée pour protester contre ma réponse à Simon Durivage qui, selon certains, frôlait l'acceptation de l'ultimatum ministériel et outrepassait mes mandats. Leur « Fuck la trêve » m'était en partie adressé.

Cette histoire est un mauvais vaudeville. D'abord, cet appel à la trêve était une comédie jouée pour les journalistes qui ont été les seuls à y croire : personne n'a jamais réellement exigé de la CLASSE qu'elle s'y plie – autrement, on ne nous aurait pas confirmé notre participation aux négociations comme on l'a fait avant et après la conférence de presse de la ministre. Ensuite, n'ayant jamais accepté cette trêve, comment pouvions-nous la rompre ? Sans compter le fait que le grabuge qu'on nous reprochait d'avoir initié était en outre une réaction contre mes prises de position.

Ces événements se sont déroulés alors que l'anxiété s'emparait d'une partie de la population. Il devenait évident que face à la détermination des étudiants, l'inertie du gouvernement menait le Québec dans une impasse. C'est alors que j'ai réalisé l'ampleur du fossé qui séparait la CLASSE du monde médiatique et politique traditionnel. J'ai aussi pris conscience que les libéraux feraient bon usage de la difficulté qu'éprouvaient les journalistes à comprendre cette grève, particulièrement le fonctionnement de la CLASSE.

Tout au long du conflit, on a reproché à la coalition sa lenteur, son idéalisme et ses procédures alambiquées. Comment réagir aux propositions gouvernementales avec une structure si lourde? Comment prendre des décisions rapides avec des représentants aux mains liées? Plus le conflit se polarisait, plus la pression s'accumulait sur les structures de la CLASSE et, peu à peu, on m'a imputé la responsabilité de l'enlisement du conflit. Selon certains, si la crise s'envenimait, c'était parce que je prétendais ne pas avoir de pouvoir, parce que je refusais d'assumer mon rôle de leader. Même ceux qui prétendaient connaître et comprendre la structure organisationnelle de la CLASSE m'ont, à un moment ou un autre, demandé de me «compromettre» et de prendre l'initiative d'un règlement de la crise.

Il est saisissant de constater que la culture politique de la coalition a suscité davantage de réprobations publiques que la désinvolture de Jean Charest pendant le conflit. Son gouvernement a boudé les étudiants pendant 73 jours, il a ensuite cherché par tous les moyens d'empêcher la tenue d'une négociation honnête, ses ministres ont déployé des trésors de rhétorique pour détourner l'attention des enjeux réels. Tout ce beau monde a travaillé très fort pour s'assurer que le débat public aboutisse dans le caniveau. Mais qu'importe! Pour nos analystes de la vie politique, ce cynisme est de bonne guerre. S'en étonner, ce serait manquer de réalisme, et le dénoncer, manquer de sérieux. La CLASSE voulait aller au fond des choses, débattre des finalités de l'université, remettre à l'ordre du jour une promesse que le Québec s'était faite 40 ans plus tôt : la gratuité des études universitaires. Tandis que d'aucuns ont qualifié cet engagement de radical et de dogmatique, les libéraux se sont lancés dans une « révolution culturelle », ils ont abandonné le principe de l'impôt progressif pour celui de la tarification, transfiguré les principes de l'administration publique, tondu la classe moyenne pour habiller les plus fortunés. Sous leur gouverne, la cupidité a gangréné l'ensemble du corps politique. On dit pourtant d'eux qu'ils étaient pragmatiques, que Jean Charest et consorts agissaient en politiques responsables : ils avaient pris une décision qu'ils imposaient coûte que coûte, envers et contre tous, comme d'authentiques dirigeants. Jeanne Reynolds et moi-même manquions pour notre part à nos obligations parce que nous refusions d'imposer nos vues aux étudiants et que nous soumettions chaque enjeu d'importance, chaque décision cruciale, au jugement démocratique de ceux et celles qu'ils concernaient.

Je me souviens d'une entrevue qu'a accordée à la télévision française Antoine Robitaille, un journaliste du *Devoir* qui est loin d'être sot. Le journaliste de l'Hexagone demandait à son collègue québécois de décrire ma personnalité, et ce dernier a expliqué la nécessité pour moi d'avoir un mandat avant de me positionner sur un enjeu, puis il a ajouté, très naturellement : « souvent, ça va être sa manière pour lui de se défiler » afin d'éviter de répondre aux questions des journalistes sur des enjeux sensibles, « par exemple sur la question de la violence ». Au lieu de mentionner que je représentais une organisation qui fonctionne de manière très démocratique, que cela limitait ma liberté de parole, il s'en est tenu à la surface des choses et m'a reproché d'avoir créé une nouvelle forme de langue de bois.

Voilà qui accrédite l'analyse de Chantal Francœur, professeure de journalisme à l'UQAM : « Une des choses qui m'ont frappée, c'est la difficulté pour les médias et les journalistes de traiter de ce qui ne rentre pas dans les cases habituelles. Prenons la CLASSE. Cette association présente une conception différente de la démocratie qui ne correspond pas à ce que nous connaissons. La difficulté c'est : comment traiter cela ? L'utilisation du web aurait permis d'expliquer son fonctionnement plutôt que de la présenter comme une entité déviante par rapport à la norme », confiait-elle à *La Presse* au plus fort de la mobilisation[2]. Dans une étude complète publiée quelques mois après la fin de la grève, elle approfondit son analyse : les journalistes utilisent des formats précis pour construire leurs articles, lesquels sont peu adaptés aux phénomènes politiques originaux, comme celui de la CLASSE. Ces « lignes de montage journalistiques » permettent aux journalistes de mettre en scène différents intervenants, sur différents sujets, en utilisant le même format. Le problème, c'est que la coalition se prêtait mal à ces rituels de couverture :

Quand il faut expliquer pourquoi, par exemple, la CLASSE ne peut pas dénoncer spontanément la

---

2. Nathalie Collard, « Conflit étudiant dans les médias : trop d'opinions, pas assez d'analyses », *La Presse,* 10 juin 2012.

violence – parce qu'il faut une résolution en ce sens de l'assemblée des étudiants, l'assemblée se réunissant à tel moment, rassemblant telles personnes, fonctionnant selon tels critères et ayant des porte-parole qui ne sont que des porte-parole devant se conformer à un mandat strict, etc. –, il y a un problème : l'explication n'entre pas dans les formats journalistiques[3].

C'est pour cette raison qu'on en est venu à écrire que « Gabriel Nadeau-Dubois refuse de condamner la violence ». C'était inexact : je ne refusais pas de le faire en tant qu'individu, j'essayais d'expliquer en quoi cela ne relevait pas de mon rôle de porte-parole de le faire. Une réalité trop complexe, trop inusitée pour les journalistes : « Les deux seuls clips ou citations qui peuvent entrer dans les formats journalistiques sont : "la CLASSE refuse de condamner la violence" ou "la CLASSE condamne la violence". Deux choix qui ne correspondent pas à la réalité de la CLASSE[4] », écrit Francoeur. C'est l'impossibilité dans laquelle je me trouvais de m'accorder à cette logique binaire qui a fait sortir Simon Durivage de ses gonds.

À l'inverse, Léo Bureau-Blouin est le porte-parole étudiant qui s'est le mieux adapté au moule des communications et aux attentes manichéennes d'un monde politique dominé par les relations publiques : il n'a pas hésité à condamner certaines actions, à dénoncer la désobéissance civile, à appe-

3. Chantal Francoeur, *Informer ou in-former : les formats journalistiques au service du* statu quo, Université du Québec à Montréal, 2012, p. 21.

4. *Ibid.*, p. 22.

ler au respect des injonctions, à souhaiter ouvertement un règlement du conflit; il a été le premier à se distancier de la CLASSE, à appeler les jeunes à voter (pour lui!), à recommander l'offre du gouvernement; à appeler au compromis et à laisser entendre qu'une hausse réduite pourrait être acceptée par le mouvement étudiant. Dans ce contexte, son passage en politique parlementaire avec le PQ n'a rien d'étonnant. Ce qu'on n'a toutefois pas assez souligné, c'est qu'alors qu'il récoltait les bons commentaires de Mario Dumont, Liza Frulla et Mathieu Bock-Côté, son influence au sein du mouvement diminuait: plus il revendiquait d'autorité sur le mouvement étudiant, plus il se conformait à ce souhait unanime de l'élite politique et médiatique, moins il avait d'emprise réelle sur les étudiants. Ce n'est pas parce que le futur député péquiste n'en avait pas les aptitudes, mais plutôt parce qu'une part importante du mouvement social refusait de se laisser guider par des chefs.

Cet écart entre les attentes de l'élite du pouvoir et l'état d'esprit des grévistes s'est creusé tout au long de la grève. La multiplication des actions spontanées et l'autonomie grandissante des grévistes au fil des semaines rendaient chaque jour plus absurde l'exigence que les leaders étudiants se comportent comme des chefs militaires sur un champ de bataille. C'est précisément parce que Martine, Léo, Jeanne et moi n'étions pas des «leaders» que la grève était si vigoureuse. Voilà ce qu'une grande majorité des commentateurs de la mobilisation étudiante du printemps 2012 n'ont jamais saisi: le mouvement était ingouvernable. C'était justement une des conditions de sa vitalité, de son dynamisme et de son efficacité.

Ce que peu de gens hors du mouvement étudiant savent, c'est que pendant que certains critiquaient mon refus de donner des leçons aux grévistes, on me reprochait exactement l'inverse dans les instances de la coalition. Plusieurs fois, des associations étudiantes ont déposé des motions de blâme à mon endroit et certaines d'entre elles ont été adoptées. On a même déposé au moins une motion de destitution pour me forcer à renoncer à mes fonctions. Plusieurs assemblées générales, très mobilisées, se sont officiellement prononcées en faveur de ma destitution. La raison alléguée : je prenais trop de libertés avec le mandat qui m'avait été confié par le congrès. On déplorait certaines prises de position trop personnelles. Selon les militants de la CLASSE, j'avais trop d'initiative. Selon les journalistes, je fuyais mes responsabilités. Le statut de porte-parole n'avait rien à envier à celui du fil-de-fériste.

La CLASSE était tout le contraire d'un bloc monolithique, et à la difficulté de faire comprendre son fonctionnement aux médias s'ajoutait celle de composer avec ses dynamiques politiques internes, souvent houleuses. La plupart du temps, les résolutions adoptées en congrès étaient de fragiles compromis résultant de plusieurs heures de débats tendus, des énoncés rédigés afin de concilier *in extremis* des oppositions politiques très fortes. En tant que porte-parole, Jeanne et moi devions non seulement les défendre, mais le faire de manière à déplaire le moins possible aux différentes tendances internes. Si une bonne partie des membres de la coalition accordait de l'importance au débat public – sans quoi mon poste n'aurait eu aucun sens –, une certaine frange était tout simplement opposée à notre présence dans les grands médias, considérant que les formes conventionnelles de la conversation démocratique étaient piégées d'avance, que seul l'affrontement frontal avec l'État était susceptible de porter fruit. Cette tendance avait suffisamment de poids au sein de l'organisation pour limiter significativement ma marge de manœuvre.

Le monde politique qui s'empiffre de direct, de clips et de phrases toutes faites était contrarié par cette bande de jeunes qui tenaient dur comme fer à suivre leurs longues procédures démocratiques, leur vision de ce qu'est un porte-parole l'irritait. Pour ma part, il va sans dire que ma position est devenue encore plus difficile à tenir lorsqu'à la difficulté de comprendre ma fonction s'est ajoutée celle de comprendre la tournure que prenait la grève.

Dès le début, les grands médias et une bonne partie des analystes politiques ont tenté de comprendre le conflit étudiant du printemps 2012 comme une « affaire politique » usuelle, comme un conflit de travail traditionnel opposant employeur et syndicat. Cette grille d'analyse était presque adéquate lors des premières semaines de mobilisation. Après tout, on avait affaire à un affrontement entre le gouvernement et des organisations étudiantes structurées de manière « syndicale[5] » qui formulaient une

---

5. Comme on le sait, au Québec, les organisations étudiantes collégiales et universitaires ont, depuis l'adoption de

revendication pragmatique : annuler la hausse des droits de scolarité universitaires de 75 % prévue pour l'année suivante. Du reste, jusqu'au 22 mars environ, les trois grandes organisations étudiantes nationales coordonnaient l'essentiel des manifestations et des actions. Dans un tel contexte, il était possible pour les observateurs politiques d'analyser la mobilisation étudiante à l'aide des catégories habituelles des conflits de travail : chaque action pouvait être assez facilement attribuée à une organisation particulière, ce qui en rendait plus intelligible la signification. Les votes qui se tenaient hebdomadairement pour renouveler les mandats de grève dans les cégeps et les universités permettaient quant à eux d'évaluer assez précisément l'appui de la population étudiante au débrayage et aux actions. On pouvait ordonner dans le temps les différentes manifestations, étudier l'évolution du mouvement, en saisir le rythme et en prévoir les développements, comme on le ferait dans le cadre d'un affrontement syndical classique. Bref, jusqu'au 22 mars, la grève étudiante ressemblait encore à ce qu'on pourrait appeler un mouvement social « traditionnel » et, en ce sens, elle pouvait être analysée grâce aux catégories de la politique « traditionnelle ».

Le 22 mars, la mobilisation atteint un premier sommet : plus de 300 000 des 420 000 étudiants

la loi 32, le monopole de la représentation de leurs membres. Tout comme dans un syndicat de travailleurs, les étudiants sont donc automatiquement membres de leur association étudiante à qui ils paient *de facto* leur cotisation. Il leur est certes possible de se retirer, mais cela requiert des démarches de leur part.

sont en grève, et près de 200 000 personnes se réunissent pour manifester dans les rues de la métropole. Le jour même, dans les médias, le gouvernement libéral prétend ne pas être impressionné par la manifestation. Loin de s'essouffler, la mobilisation prend de l'ampleur. Grâce aux médias sociaux, les réseaux étudiants s'étalent et grandissent comme jamais, et les actions autonomes se multiplient[6]. En même temps, de plus en plus d'associations étudiantes adoptent des mandats de grève à durée indéterminée. À partir de la mi-avril, la très grande majorité des manifestations et actions de perturbation sont organisées de manière totalement décentralisée par des regroupements improvisés d'individus qui tiennent à garder l'anonymat à la fois face aux forces policières et à la CLASSE : il devient impossible — aussi bien pour les policiers, les médias, la CLASSE et ses porte-parole – de savoir qui est responsable de telle action et quelle en est la cible exacte. Avec la multiplication des actions vient l'élargissement des revendications : dans les rues, le discours se radicalise. Les slogans changent, se durcissent : on ne s'attaque plus seulement à la hausse des frais de scolarité ou au gouvernement libéral, on s'en prend plus largement aux politiques d'austérité, au mercantilisme qui s'infiltre dans les institutions publiques, à la destruction de la nature par l'exploitation sauvage de nos ressources

---

6. Pour une analyse en profondeur du rôle joué par les réseaux sociaux lors de la grève étudiante du printemps 2012, je réfère à mes ex-collègues Renaud Poirier-St-Pierre et Philippe Éthier dans *De l'école à la rue. Dans les coulisses d'une grève étudiante*, publié en 2013 aux Éditions Écosociété.

naturelles. On s'attaque même au capitalisme, ce qui passe aux yeux de plusieurs pour une idée aussi saugrenue que de contester la loi universelle de la gravité. De la rue monte en effet une clameur contre notre système économique, et des commentateurs de l'actualité ou des politiciens expliquent ce phénomène en évoquant l'infiltration du mouvement étudiant par des éléments malveillants, des extrémistes, des crapules. À chaque époque son hérésie. Au Moyen Âge, lorsqu'un mécréant contestait l'autorité de Dieu, on le disait possédé du démon. De nos jours, si un mouvement doute des bienfaits du Capital, on soupçonne qu'il est manipulé par des fous furieux.

Pour les commentateurs officiels de la joute politique, cela débordait les limites qu'ils connaissaient : comment pourrait-on régler un conflit aussi... politique ? Plusieurs analystes et politiciens ne pouvaient se résoudre à l'idée que les manifestations étaient l'expression d'une réelle insatisfaction de la population, ou bien ils n'avaient pas la capacité d'en comprendre les ressorts. Lors de mes entrevues, j'ai aussi senti un vent de panique s'emparer des animateurs et des journalistes. C'était trop pour l'appareil médiatique, la coupe était pleine : on ne parlait plus de « conflit étudiant », on parlait de « crise sociale », d'enlisement, de dérapage, de chaos. Il fallait que ça cesse. Les élans d'anxiété tenaient lieu d'analyse. Les libéraux et leurs stratèges en communication vide ont épinglé sur cette anxiété quelques mots qui devaient tout expliquer et qui ont fait sensation : « les carrés rouges », « la rue », « la violence et l'intimidation ».

Les troubles, et non l'objet de ce malaise social, allaient ainsi prendre de plus en plus de place dans l'espace public.

Ces craintes, provoquées par la nature singulière du conflit et cultivées par l'emballement médiatique, ont aggravé le quiproquo quant à la nature de mon rôle. Plus le conflit était intense, plus mon personnage public catalysait les passions, et plus nombreux étaient ceux qui désiraient l'impossible, à savoir que je calme le jeu. Cible de virulentes critiques et attaqué de toutes parts pour « mon » refus de condamner la violence, je traversais alors les moments les plus éprouvants de la grève, d'autant plus que la position adoptée par la coalition ne correspondait pas entièrement à la mienne. Je me suis parfois demandé si je voulais que mon visage, mon nom et ma voix soient encore longtemps associés à de tels affrontements et à leurs inévitables excès. La manifestation du 20 avril, en marge du désormais célèbre Salon Plan Nord, m'a particulièrement ébranlé. En entrevue avec Benoît Dutrizac au moment où se déroulait la manifestation, ce dernier m'informe – en direct – que des pavés ont été projetés sur les voies de l'autoroute Ville-Marie. Bien sûr, l'animateur me pose l'inévitable question, à savoir si je condamne ces gestes. Tout à coup, je suis pétrifié. Je n'en reviens pas. Il ne s'agit pas de quelques poubelles renversées ou de quelques vitrines de banque brisées : c'est la vie de citoyens innocents qui est mise en danger. Je sais que je ne peux pas condamner ces actes, que le congrès ne m'en a pas donné le mandat, mais en même temps, je suis bouleversé par ce que je viens d'entendre. Je ne peux pas endosser de tels gestes.

Étonnamment, l'animateur semble comprendre mon malaise. Il me laisse tourner la question. Lorsque l'entrevue se termine, j'appelle immédiatement mes collègues de l'exécutif. Je suis furieux, je hurle : cette fois, c'est trop ! Après discussions, nous convenons que nous prenons le risque d'aller à l'encontre du mandat de congrès : la CLASSE condamnera ces actes. L'exécutif me défendra en congrès et, s'il le faut, nous serons destitués en bloc. Comble de l'ironie, l'événement sombrera dans l'oubli, certains prétendront même que ces gestes n'ont jamais été perpétrés, et personne ne me demandera de les condamner publiquement. Le cas échéant, je les aurais réprouvés sans réserve, avec l'appui de l'exécutif.

La pression que l'on a mise sur mes épaules, en m'accusant de ne pas m'acquitter de mes « responsabilités de leader », m'a fait douter de moi-même à plusieurs moments de la grève. C'est le philosophe Christian Nadeau qui, lors d'une de nos discussions, a calmé mes inquiétudes : « Parmi tes détracteurs, on ne s'est pas intéressé à toi en raison de tes qualités personnelles, mais tout simplement parce que tu occupes une fonction, celle de porte-parole de la CLASSE. Ces mêmes gens te demandent maintenant beaucoup plus que ce qui peut être attendu d'un porte-parole. Que tes qualités personnelles aient favorisé une plus large audience pour tes propos ne change rien au fait que ceux-ci relèvent strictement du mandat qui t'est confié. »

C'est parce que j'étais parmi eux, et non au-dessus d'eux, que certains grévistes se sont reconnus en moi. Cette reconnaissance ajoutait certes de la pression sur mes épaules, mais cela ne me conférait aucun pouvoir réel. J'œuvrais auprès des médias, je n'étais pas trop mauvais pour accomplir cette tâche, et par la force des choses je suis devenu une personnalité publique. On a cru que la renommée me donnait un pouvoir quasi magique sur les foules, d'une part, et m'obligeait, de l'autre, à confesser mes états d'âme sur la place publique, à l'instar des célébrités. Si j'avais écouté les voix qui m'intimaient de m'éloigner de mes fonctions de porte-parole, je leur aurais substitué un statut de « vedette », mais alors je n'aurais plus représenté que moi-même, un peu comme Paris Hilton. En un mot : si j'avais décidé de ne plus parler à titre de porte-parole, pourquoi donc aurais-je bien pu prendre la parole ? Qu'aurait bien pu signifier ma présence dans les médias ? Je ne saurais le dire mieux que Christian Nadeau : « Si un porte-parole se permet d'aller au-delà de ce qu'il lui est possible de dire, par exemple en exprimant des opinions personnelles en abusant de son statut, son message ne devrait pas être perçu comme étant crédible par ses interlocuteurs. Au fond, un porte-parole n'a qu'un visage public, à l'encontre du "leader" qui peut, à la manière d'un Janus, en avoir deux, parce qu'il est investi d'une double autorité : la sienne sur le mouvement qu'il dirige, et celle du mouvement qu'il représente sur lui-même. »

Des indiens, sans chef. Voilà ce que nous étions tous à la CLASSE. Pour ceux qui trouvaient qu'il y avait trop de sauvages dans les rues, c'était là le scandale.

# CHAPITRE 7

## HYSTÉRIE COLLECTIVE

> *La conscience, mon cher, est un*
> *de ces bâtons que chacun prend*
> *pour battre son voisin, et dont il ne*
> *se sert jamais pour lui.*
>
> Honoré de Balzac

21 avril. Je suis dans les bureaux de la CLASSE et je reçois l'appel d'un militant de la région de la capitale. Affolé, il m'informe que le *Journal de Québec* a publié un article dénonçant l'affiliation de la CLASSE à l'Union communiste libertaire (UCL), un groupe anarcho-communiste. Sur le coup, je me dis que c'est impossible, qu'il doit avoir mal lu. Le site du *Journal de Québec* me confirme toutefois ses dires. Le chroniqueur Dominic Maurais, également animateur sur les ondes de CHOI Radio X, démarre son billet du jour, intitulé « Les Soviets de salon », avec cette charge invraisemblable :

> Le débat sur les frais de scolarité n'aura été, pour les plus illuminés, qu'une opérette aux allures de lutte des classes. Les cocktails Molotov, le saccage de bureaux d'élus et les briques sur les rames de métro

nous donnent des allures de république de bananes. Nos socialistes zélés jouent la carte des opprimés avec une stratégie de sabotage. L'Association pour une solidarité syndicale élargie [sic] (ASSÉ) et la Coalition de l'ASSÉ (CLASSÉ) refusent obstinément de condamner toute violence parce qu'elle fait justement partie de leur plan. L'ASSÉ, de Gabriel Nadeau-Dubois, est affiliée à l'Union communiste libertaire (UCL)[1].

La deuxième plus grande association étudiante du Québec, qui regroupe 100 000 membres répartis dans une soixantaine d'associations étudiantes collégiales et universitaires, et qui représente alors 70 % des étudiants en grève, serait *en réalité* une branche d'un minuscule groupe affinitaire d'extrême gauche inconnu de la plupart des gens! Où Dominic Maurais a-t-il pu pêcher une telle idée? Sera-t-il en mesure de démontrer cette affirmation? Le reste de sa chronique me confirme ce dont je me doutais déjà : il n'appuie ses affirmations sur aucun fait avéré.

Maurais se contente de citer le site internet de l'UCL, qui soutient que certains de ses membres « s'impliquent dans le mouvement, notamment à travers l'ASSÉ ». Par conséquent, poursuit le chroniqueur, « les principaux organes de diffusion de l'ASSÉ et de la CLASSÉ sont les blogues de l'UCL, *Voix de faits* pour le chapitre de Québec et *Cause commune* pour celui de Montréal[2] ». Je suis sans voix. Le raisonnement est plus que boiteux : parce

---

1. Dominic Maurais, « Les Soviets de salon », *Le Journal de Québec,* 21 avril 2012.
2. *Ibid.*

que le site d'une organisation indique que certains de ses militants s'impliquent dans une autre organisation, alors la deuxième est nécessairement affiliée à la première? Cela ne tient pas debout. Et où est-il allé chercher que les blogues de l'UCL sont les « principaux organes de diffusion de l'ASSÉ »? Le site de l'ASSÉ indique pourtant clairement que son journal s'intitule *L'Ultimatum*. Je me dis que le raisonnement est si pauvre, l'accusation si bête qu'il ne peut s'agir que d'une erreur de la rédaction. Je contacte donc le *Journal de Québec* pour les en informer.

Après quelques minutes d'attente, j'obtiens la ligne de l'un des responsables de la rédaction au journal. Je lui explique calmement qu'une des chroniques publiées ce matin-là contient de fausses informations, lesquelles ne relèvent pas de la libre opinion. Que ses chroniqueurs soient en défaveur de la grève étudiante, cela est tout à fait concevable, mais en tant que responsable du journal, lui dis-je, il a la responsabilité de s'assurer que sa publication ne contienne pas de faits erronés, il en va de l'honneur de son métier. Je lui demande s'il est possible de publier un *erratum* afin d'aviser les lecteurs de ces erreurs. Mal à l'aise, il me dit qu'il doit consulter Dominic Maurais et qu'il me rappellera.

Quelques heures plus tard, il me recontacte pour m'annoncer que son chroniqueur « maintient son opinion » et que, par conséquent, il ne retirera pas la chronique, pas plus qu'il ne publiera d'*erratum*. « Si le chroniqueur est certain de ses informations, je ne peux rien faire. » Il n'est pourtant pas dans les habitudes de Québecor de renoncer à exercer son pouvoir sur ses journalistes. D'ailleurs, l'article 3.02 de la convention collective du *Journal de Québec* stipule, noir sur blanc, que «l'employeur a et conserve tous les droits lui permettant de décider de l'orientation idéologique [...] de l'entreprise, et d'établir les méthodes de publication». Qu'importe! L'article restera en ligne et sera partagé par plusieurs centaines d'internautes sur les réseaux sociaux. Il alimentera cette haine et ce mépris envers les étudiants dont Dominic Maurais faisait son pain et son beurre sur les ondes de la radio.

Cinq mois plus tard, le Conseil de presse du Québec publiera une décision[3] dans laquelle il blâmera le chroniqueur, le directeur de l'information du journal et le *Journal de Québec*. Le Conseil retiendra les deux griefs que le plaignant a déposés, l'un pour «information inexacte» et l'autre pour «diffamation». Après enquête, le tribunal d'honneur conclura – cela était tellement évident – que les allégations de Dominic Maurais étaient objectivement fausses. Encore pire, et cela le Conseil ne le savait pas, c'est que leur publication a été maintenue *en sachant très bien qu'elles étaient fausses*, puisque j'avais contacté la rédaction pour le signaler.

Le Conseil de presse du Québec, il faut le rappeler, n'est qu'un «tribunal d'honneur», sans pouvoir contraignant ou punitif. C'est déjà trop pour Québecor, dont les journaux se sont retirés

_____

3. La décision est disponible en ligne: http://conseildepresse
.qc.ca/decisions/d2012-04-091

du Conseil de presse et refusent de participer à ses enquêtes. Aussi, à moins de poursuivre en justice l'empire Québecor – mais qui en a les moyens? –, nous n'avions aucun recours pour les contraindre à respecter les faits dans cette affaire. Ce qui est tout de même le comble, puisque le journalisme, c'est connu, ne repose que sur trois choses : les faits, les faits et les faits ! Morale de l'histoire : au Québec, en 2013, un quotidien majeur – qui selon le Centre d'études des médias de l'Université Laval, a un tirage quotidien de 138 000 exemplaires[4] – peut publier en toute impunité des « informations inexactes » et des propos « diffamatoires ».

S'il ne s'agissait que d'un cas isolé, on en rirait. Mais quiconque a consulté les grands médias lors du printemps 2012 sait que de tels propos étaient monnaie courante. Une véritable hystérie collective s'est emparée des chroniqueurs et des éditorialistes, tous soudainement en proie à une vive excitation nerveuse qui a affecté leur discernement. Les discours diffamatoires, haineux, condescendants, trop souvent adossés à du vent, se sont multipliés dans l'espace public. Les mots ne semblaient jamais assez durs pour réduire au silence le cri des manifestants. Dans le documentaire *Dérives,* Christian Nadeau parle de ce phénomène comme d'une vague de *brutalité médiatique* sans précédent. La charge avait en effet l'allure d'un matraquage des esprits, et les étudiants l'ont spontanément associée aux

---

4. Centre d'études sur les médias, *La presse quotidienne,* Université Laval, 2011, www.cem.ulaval.ca/pdf/pressequotidienne .pdf

matraquages physiques des policiers. En effet, la ligne éditoriale du SPVM était pour le moins percutante.

Les chroniqueurs, alarmés, ont d'abord pris grand plaisir à réduire les manifestants à un groupe homogène de fauteurs de trouble, auquel ils ont accolé toute une série de qualificatifs évocateurs : « militants hystériques », « rebelles », « casseurs », « anarchistes », « têtes brûlées », « vandales excités », « vrais sauvages », « terroristes en herbe »[5]. Ne nous fions pas aux apparences, ont-ils ensuite prévenu leurs lecteurs : le mouvement étudiant n'est pas ce qu'il paraît être avec ses gentilles manifestations colorées, ses jeunes allumés, ses représentants articulés et ses revendications pleines de bon sens. En réalité, il est infiltré par des « étudiants radicaux », pire, par de véritables « malfaiteurs anonymes », des « intoxiqués idéologiques », des « goons masqués et armés »[6]. Tremblez, honorables citoyens, les Huns sont aux portes de la cité !

---

5. Propos tenus respectivement par Richard Martineau, « Six mois plus tard », *Le Journal de Montréal,* 22 décembre 2012, « L'âge des extrêmes », *Le Journal de Montréal,* 2 juin 2012, *ibid.* ; Benoît Aubin, « Érosion démocratique », *Le Journal de Montréal,* 19 mai 2012 ; Richard Martineau, « L'âge des extrêmes », *loc. cit.* ; Benoît Aubin, « La loi, l'ordre et le bon gouvernement », *Le Journal de Montréal,* 10 mai 2012 ; Richard Martineau, « Les brutes », *Le Journal de Montréal,* 5 mai 2012 ; et Éric Duhaime, « Balade antiterroriste dans le métro », *Le Journal de Québec,* 13 mai 2012.

6. Propos tenus respectivement par Benoît Aubin, « La loi, l'ordre et le bon gouvernement », *loc. cit.* ; *ibid.* ; Mathieu Bock-Côté, « Un extrémisme destructeur », *Le Journal de Montréal,* 10 mai 2012 ; Richard Martineau, « Six mois plus tard », *Le Journal de Montréal,* 22 décembre 2012.

Les étudiants en grève, qu'on présumait nombrilistes avant la grève, s'étaient métamorphosés en dangereux collectivistes, «anticapitalistes, révolutionnaires, et même anarcho-communistes[7]». Les professeurs qui ont osé joindre leur voix à celle des grévistes ont été qualifiés de «débiles légers», de «ti-profs crasseux» et de «bandes de morons parasites»[8].

On refusait ni plus ni moins de reconnaître aux «carrés rouges» un statut de citoyen. Il n'est donc pas anodin qu'on ait systématiquement associé les grévistes à des «enfants-rois», à des «enfants rebelles[9].» On sait ce qu'il faut faire avec un enfant trop turbulent : le remettre à sa place, avec une fessée s'il le faut. Certains sont allés encore plus loin et on mit en doute la santé mentale des manifestants, le caractère rationnel de leur démarche. Mathieu Bock-Côté rappelait que «l'anarchisme radical» attire les «personnalités troubles[10]», mais c'est Alain Dubuc, dans les pages de *La Presse*, qui a attribué le plus clairement ce déni d'intelligence au mouvement étudiant :

> Ce mouvement, peu structuré, marque plutôt une victoire de la passion sur la raison. Les arguments

---

7. Nathalie Elgraby, «Résister au chaos», *Le Journal de Montréal*, 17 mai 2012.

8. Claude Giguère, «Gendron traite les profs de crasseux», *Montréal Express*, 7 août 2012.

9. Propos tenus respectivement par Alain Dubuc, «Un braquage surréaliste», *La Presse*, 2 mai 2012 ; et Benoît Aubin, «La loi, l'ordre et le bon gouvernement», *loc. cit.*

10. Mathieu Bock-Côté, «Un extrémisme destructeur», *Le Journal de Montréal*, 10 mai 2012.

factuels, très défavorables aux étudiants, ont été rapidement balayés, parce que le débat s'est déplacé sur le terrain des émotions. Difficile de discuter avec une casserole! Ce glissement du débat, on le voit très bien dans le clivage entre les points de vue des journalistes qui signent des textes d'opinion dans *La Presse*. Les chroniques d'humeur appuient le mouvement étudiant et les textes analytiques approuvent les hausses. Bien des gens se réjouissent de cette irruption de l'irrationnel dans le débat public. Pas moi. Parce que la «rue», ça peut produire des surprises[11].

Alain Dubuc estime que les journalistes de *La Presse* qui sont analytiques, factuels et sérieux s'opposaient tous aux étudiants. Il n'avait de toute évidence pas lu les chroniques de Michel Girard, parues dans les pages économiques de *La Presse*, où ce dernier corroborait, chiffres à l'appui, les arguments des étudiants. Il jugeait peut-être aussi un peu rapidement la qualité du travail de Michèle Ouimet, Rima Elkouri et de bien d'autres journalistes qui ont soutenu à divers degrés les étudiants. D'autre part, il ne devait pas fréquenter les chroniqueurs d'humeur en dehors de son journal pour prétendre qu'ils appuyaient les étudiants. Mais à quoi bon lire ceux qu'on critique ou soumettre son jugement à la réalité lorsqu'on est ainsi illuminé par la raison?

La «crise étudiante» n'était pas un débat de société, ni un conflit de valeurs. Elle opposait le camp de la raison à celui de la folie, et celui des adultes à celui des enfants. Ces commentateurs

---

11. Alain Dubuc, «Cherchez l'erreur», *La Presse*, 28 mai 2012.

n'ont pas critiqué les revendications ou les moyens d'action des grévistes : ils leur ont retiré leur statut d'interlocuteurs légitimes dans le débat public (« difficile de discuter avec une casserole »). Dans ce contexte, tenir un débat politique devenait impossible et toute négociation apparaissait également inconcevable. On ne discute pas avec un fou, tout comme on ne négocie pas avec un enfant capricieux.

Cette attitude ne pouvait que conforter le gouvernement libéral, dont la stratégie consistait précisément à ne pas négocier avec les étudiants, à les ignorer, ce qui a bien sûr envenimé la crise et attisé la colère des manifestants. Là où un observateur avisé aurait pu s'étonner du refus des autorités de discuter avec ceux qui étaient concernés par les décisions à prendre, les commentateurs ont préféré voir une fronde contre l'autorité légitime. L'opposition légitime aux politiques des libéraux, ces commentateurs l'ont donc interprétée comme une charge contre la démocratie et la liberté politique. Rien de moins !

Les nuits de Joseph Facal étaient désormais hantées par les spectres de la révolution du « Kébékistan », laquelle, a-t-il vu en rêve, paverait la voie à « l'UPAC, l'Union Planétaire Anti-Capitaliste, à partir de l'axe Mercier-Pyongyang-La Havane », et où l'on pourrait compter sur « le petit Nadeau-Dubois » pour diriger des « camps de rééducation[12] ». De telles perspectives, à défaut d'élever le

---

12. Joseph Facal, *Le Journal de Montréal*, 11 juin 2012. Dans cette chronique, Joseph Facal raconte un rêve, celui d'un Québec tombé sous le joug de la gauche. Chose curieuse,

débat, font frémir. La fine fleur de nos éditorialistes, prenant leurs frissons très au sérieux, est donc montée aux barricades. Il fallait arrêter ces grévistes qui avaient comme objectif de « défier le gouvernement, la loi et l'ordre, déstabiliser la société, prendre le peuple en otage, compromettre l'économie, saboter le climat social[13] ». « La démocratie cèdera le pas à l'anarchie[14] », avertissait André Pratte dans son éditorial du 17 avril. Le Québec était en train de dériver dangereusement dans « une dynamique voulant que la rue décide », ce qui menaçait « la légitimité de l'État, l'autorité du gouvernement, les décisions de l'Assemblée nationale[15] », renchérissait son collègue Alain Dubuc deux mois plus tard.

Cette amplification médiatique des tensions sociales a instauré un véritable climat de panique, lequel commandait des gestes tout aussi démesurés : il fallait maintenir la loi et l'ordre, intervenir au plus vite, « sinon, c'est la loi de la jungle, la loi du plus fort. Le bordel[16] ». Une vingtaine de jours plus tard, Benoît Aubin en rajoutait dans les pages

---

l'acronyme de cette tyrannie est le même que celui de l'Unité permanente anticorruption (UPAC) de la Sûreté du Québec. Est-ce intentionnel ou simplement un lapsus ? Il semblerait, en tout cas, que l'inconscient de Joseph Facal estime que la lutte contre la corruption et celle contre le capitalisme vise les mêmes gens, auxquels il semble s'identifier.

13. Benoît Aubin, « La gauche égoïste », *Le Journal de Montréal,* 4 juin 2012.

14. André Pratte, « Les complices », *La Presse,* 17 avril 2012.

15. Alain Dubuc, « La grave erreur de Madame Marois », *La Presse,* 4 juin 2012.

16. Benoît Aubin, « La gauche égoïste », *loc. cit.*

du *Journal de Montréal,* parlant alors d'une « conflagration, qui se nourrit d'elle-même, et brûle hors de contrôle, menaçant le panorama juridique, politique, économique, social et psychologique du Québec – sinon du Canada[17] ». « La désobéissance civile n'est pas un acte de bravoure. C'est un appel au désordre et au chaos[18] », avertissait Isabelle Maréchal. Le sommeil de Christian Dufour était aussi agité par un « cauchemar » : « Et si les casseroles ne s'arrêtaient pas[19] ? » Quelques jours plus tard, dans les pages du *Soleil,* Gilbert Lavoie cédait à la panique, lui qui avait pourtant su conserver son sang-froid pendant le conflit. Il faisait de mauvais rêves fédéralistes : « Imaginez la passion qui pourrait déferler dans nos villes et opposer les tenants du oui et ceux du non au lendemain d'un référendum gagnant par une faible majorité. Je n'ose y penser, tellement c'est cauchemardesque[20]. »

Une telle inflation verbale a forcé Éric Duhaime à se surpasser. Plein de sollicitude, il a partagé avec le public ses expériences en tant que cible du terrorisme islamique, rappelant ainsi aux gens qu'on pouvait « vaincre la terreur[21] ». Il a comparé, le plus sérieusement du monde, les périls du printemps érable à ceux de la guerre en Irak :

---

17. Benoît Aubin, « Un détournement de débat politique », *Le Journal de Montréal,* 24 mai 2012.

18. Isabelle Maréchal, « Le carré de la honte », *Le Journal de Montréal,* 20 mai 2012.

19. Christian Dufour, « Le droit d'abuser », *Le Journal de Montréal,* 29 mai 2012,

20. Gilbert Lavoie, « Le syndrome des casseroles », *Le Soleil,* 2 juin 2012.

21. Éric Duhaime, « Balade antiterroriste dans le métro », *loc. cit.*

Ayant été dans la mire d'Al-Qaïda à Bagdad pendant la guerre, il en faudra un peu plus de la part de nos terroristes en herbe pour m'intimider. J'ai appris une petite chose en Irak sur la façon de se comporter face à ceux qui prônent le renversement de la démocratie libérale et du capitalisme : ne rien changer à nos habitudes. Ne nous laissons pas terroriser. Gardons l'œil bien ouvert et continuons notre vie normalement.

En plein mouvement des casseroles, dans les jours suivant la grande manifestation du 22 mai qui défiait la loi spéciale, Benoît Aubin, lui, a craint le coup d'État :

> Donc, une minorité agitée, qui se fend de propagande, en se drapant dans le drapeau des droits et libertés, et prend la majorité en otage dans son action pour précipiter un changement, pas tant de gouvernement, que de régime socio-économique – à grand renfort de discours démagogiques, de violence, d'intimidation et de mépris des lois et des droits des autres citoyens – dans le but de déstabiliser la société, de faire tomber le gouvernement, et d'instaurer un changement de régime. Quand de tels détournements de démocratie se passent ailleurs, on appelle ça un putsch... Mais pas ici, si ce sont les « bons » qui agissent – même s'ils trichent, mentent et abusent... Ici, c'est le « printemps québécois »[22]...

Un mois plus tard, Richard Martineau, toujours prompt à sauter aux conclusions, écrivait un bilan de la grève... deux mois avant qu'elle ne se termine. Et elles étaient terrifiantes, ces conclusions. Dans

---

22. Benoît Aubin, « Un détournement de débat politique », *loc. cit.*

un article intitulé «Ce que la crise m'a appris», Martineau comparait le climat social de la grève étudiante à celui qui a mené aux grands génocides du xxᵉ siècle: «Il n'y a rien de plus fragile que la paix sociale. Longtemps, je me suis demandé comment des Rwandais et des Yougoslaves qui avaient vécu paisiblement côte à côte pendant des décennies pouvaient, du jour au lendemain, se vouer une haine mortelle et se poursuivre dans les rues, machette à la main et bave aux lèvres. Maintenant, je sais[23].» Sans la plume alerte de Richard Martineau, le Québec n'aurait jamais su que nous n'étions rien de moins que des génocidaires en puissance et qu'il se serait ainsi exposé à d'inimaginables atrocités.

Or, face à un ennemi symboliquement criminalisé, une seule attitude est possible: la guerre totale. La veille de la grande manifestation du 22 mai, Joseph Facal, dans sa chronique du *Journal de Montréal,* citait à cet égard le philosophe Raymond Aron qui, en mai 1968, déclarait: «Quand les leaders étudiants ne contrôlent plus leurs troupes, quand les casseurs prennent le dessus, on choisit son camp: l'État, le Parlement, les tribunaux, avec leurs défauts et leurs limites, ou la rue, le désordre et son cortège d'effets pervers sur des citoyens qui n'ont rien fait pour mériter cela.» Le lendemain, jour de la manifestation, André Pratte renchérissait, en paraphrasant involontairement George W. Bush[24]: «Voilà le choix auquel font face tous les

23. Richard Martineau, «Ce que la crise m'a appris», *Le Journal de Montréal,* 25 juin 2012.

24. On se rappellera sa célèbre déclaration lors de son adresse au Congrès américain le 20 septembre 2001, quelques

acteurs de la crise actuelle : la démocratie ou la violence de la rue. C'est l'une ou l'autre[25]. » Il fallait choisir son camp, et l'élite médiatique avait choisi le sien. Niant aux étudiants le statut d'adversaires légitimes, elle avait refusé d'entendre leur cause, refusé d'examiner sérieusement leurs arguments, elle avait tourné le dos au débat, elle leur avait craché au visage, méprisé leur détresse, raillé leurs espérances. À ses yeux, les manifestants n'étaient même plus des idéalistes, ils étaient le « serpent de la violence et du désordre[26] », un monstre qu'il fallait terrasser. Cette élite, quoi qu'elle ait prétendu, a préféré le combat de ruelle au débat démocratique. Elle a compris que la meilleure façon de tuer son chien, c'est de raconter qu'il a la rage.

\*

\* \*

« Ignore-les », m'a-t-on souvent dit au cours de la grève. Le problème est justement qu'on ne peut plus faire abstraction de ces commentaires délirants. En décembre 2012, dans son *Bilan de la nouvelle,* la firme Influence Communication brossait le portrait, en minutes parlées et en mots écrits, des personnalités médiatiques les plus influentes de l'année. Son diagnostic était sans appel : l'espace

---

jours après les événements du 11 septembre : « Ou bien vous êtes avec nous, ou bien vous êtes avec les terroristes. »

25. André Pratte, « Retour au calme : un devoir national », *La Presse,* 22 mai 2012.

26. André Pratte, « Le bâton et le serpent », *La Presse,* 19 mai 2012.

public québécois est très largement dominé par la droite.

Le chroniqueur judiciaire Claude Poirier trône effectivement en première place, avec un impressionnant total de 7 heures 40 minutes et 92 000 mots par semaine. Celui qui s'est fait remarquer par sa tonitruante sortie contre les « voyous carrés rouges » à la mi-mai (« *fuck y'all*, on vous doit rien ! ») est suivi de près par l'ex-député adéquiste Mario Dumont, qui commente l'actualité 6 heures 15 minutes par semaine. Monsieur Dumont a par ailleurs un avenir prometteur devant lui, car notons que cette deuxième position ne tient pas compte de la chronique que ce dernier tient depuis la fin de l'année 2012 dans le *Journal de Montréal*. Le podium est complété par Richard Martineau (75 000 mots par semaine), chroniqueur étoile du même journal, connu pour avoir tenu l'une des tribunes les plus critiques envers la grève étudiante.

Au total, des 15 personnalités médiatiques les plus en vue, seulement 2 se sont affichées comme relativement sympathiques aux « carrés rouges », soit Patrick Lagacé et Marie-France Bazzo, et ils côtoient les « carrés verts » convaincus que sont Éric Duhaime, Liza Frulla, Jean Lapierre, Sophie Durocher, René Vézina et Gilbert Lavoie. Un constat clair se dégage de ces données : le paysage médiatique québécois est largement occupé par des commentateurs à droite de l'échiquier politique. On aurait tort de sous-estimer l'impact d'une domination idéologique aussi massive. Le conflit étudiant nous en a apporté une preuve éclatante. Comment penser une démocratie en santé dans un contexte où les principales tribunes de l'espace public sont monopolisées par les représentants d'une seule vision des choses ? À plus forte raison si ceux-ci renoncent à toute forme de discernement et se retirent par le fait même du débat ? Comment imaginer une presse pluraliste si ceux qui y œuvrent aujourd'hui ne se scandalisent pas des monopoles qui y règnent ? De fait, le chroniqueur moyen se scandalise, mais d'un monopole inventé, d'une chimère, et dénonce, avec véhémence et sans rire, le fait que « la culture publique, le discours dominant, celui des médias, [...] sont plutôt inspirés par la culture de gauche[27] ». C'est tout dire.

---

27. Alain Dubuc, « L'erreur libérale », *La Presse*, 4 mai 2012.

# CHAPITRE 8

## VISITE À PARTHENAIS

*Là on a réussi à le menotter, mais là pendant
ce temps-là, toutes les rats qui étaient en haut
dans... les gratteux de guitares, c'toute des
ostie de carrés rouges là, toute des artistes astie
de, de, en tous cas des mangeux de marde...*

Matricule 728

Nous sommes le 27 avril. Je suis à Radio-Canada
avec mon attaché de presse Renaud Poirier St-Pierre,
en attente pour une entrevue avec Anne-Marie
Dussault à l'émission *24 heures en 60 minutes*.
Je reçois un appel sur mon téléphone portable,
Renaud répond. Il se fige et semble étonné. Il hoche
la tête : « Oui, monsieur, on devrait être là vers
20 heures. » Il lève la tête vers moi : « Gab, c'était la
SQ. Il paraît que tu as encore reçu des menaces de
mort. Cette fois, c'est sérieux. Ils veulent te voir dès
ce soir, au quartier général sur la rue Parthenais. Ils
vont te proposer de la protection. On y va direct
après l'entrevue. » Ce n'est pas la première fois que je
reçois des menaces, loin de là. Mais c'est la première fois que la Sûreté du Québec nous contacte

directement en nous demandant de nous rendre sur-le-champ à leur quartier général. Pour me proposer de la protection policière, de surcroît. Ce n'est pas très rassurant.

Je me précipite au quartier général de la SQ dès la fin de l'entrevue, en compagnie de Renaud et d'un ami. Au comptoir d'accueil, on nous dit d'attendre quelques minutes, qu'on va venir nous chercher. Je jette un coup d'œil par-dessus l'épaule de l'agent qui occupe le poste à la réception et je m'aperçois, chose curieuse, que toutes les caméras de surveillance du hall d'entrée sont pointées sur moi. Je me déplace de quelques mètres à ma droite. Les caméras me suivent! Je me décale ensuite discrètement vers la gauche, et les viseurs des caméras font de même. Il y a près d'une dizaine de caméras de sécurité dans le hall et, d'après ce que je peux voir sur les écrans, elles n'en ont que pour mes déplacements. Les mouvements de mes amis les laissent totalement indifférentes. Étrange. Pourquoi me filmer de la sorte si on m'invite ici pour me protéger?

Trois agents nous rejoignent alors à l'accueil. Le seul qui porte l'uniforme se présente et s'adresse à mes deux amis, qui s'occupent tous deux des relations de presse. Lui est responsable des communications à la SQ et leur propose de visiter l'imposante salle de presse. «Vous êtes des gars de *comm*'? Vous allez voir, c'est quelque chose!» Surpris et intrigués par cette offre, mes deux compagnons acceptent et me laissent seul avec les policiers en civil, un homme et une femme, qui me demandent de les suivre. Nous prenons l'ascenseur pour monter une dizaine d'étages, puis nous arpentons un long couloir. Un panneau attire mon attention : « Salles d'interrogatoire ». L'agente, qui croise mon regard inquiet, me rassure : « Ah ! Ne t'en fais pas ! Ce sont les seules salles ouvertes à cette heure-là, on est là pour te parler de ta protection, c'est tout ! » J'ai suivi les policiers de bonne foi, mais là, je deviens suspicieux.

Nous prenons place dans une toute petite pièce sans fenêtres, munie de trois chaises et d'une table. Je m'assois à la table avec l'agente. Son collègue se place derrière moi, pose sa chaise devant la porte et s'y adosse. Je ne peux plus sortir. Elle commence par m'expliquer la raison de la rencontre : « Depuis les événements des derniers jours, avec la crise étudiante qui devient de plus en plus violente, le ministre Dutil a demandé à la Sûreté du Québec de s'impliquer dans le dossier. Pas nécessairement dans les manifestations, mais plutôt en matière de renseignements et d'enquête. C'est dans ce cadre-là que nous te rencontrons aujourd'hui. » Renseignement ? Enquête ? « Je m'appelle Annie B. » me dit-elle, en me tendant sa carte. Je lis : *Annie B, Service des enquêtes sur l'intégrité de la personne, Division des enquêtes sur la menace extrémiste.* Suis-je ici pour ma protection ou parce que je représente une « menace extrémiste » ? Ce n'est plus très clair.

Elle enchaîne en me parlant d'une lettre de menaces envoyée à plusieurs médias. Une lettre anonyme, qui annonce un attentat à la bombe contre moi... et contre tous les cégeps et universités de la province. Ils ne peuvent évidemment pas mesurer avec précision le sérieux de la menace,

147

mais « on ne veut pas prendre de chances », me dit-elle, posant sur la table une photocopie de la lettre en question. Je la lis au complet. Elle ressemble à celles que je reçois chaque jour, elle n'a rien de spécial. Rien n'indique qu'elle serait plus dangereuse que les précédentes. Ses menaces et son ton sont même un peu ridicules (attaquer toutes les universités et tous les cégeps de la province, ça prendrait un groupe armé pour accomplir une telle opération). Mes doutes commencent à se confirmer. Pourquoi m'avoir convoqué pour une telle lettre, et non pour les autres ? Pourquoi m'avoir isolé dans une salle d'interrogatoire ? Pourquoi le deuxième agent est-il assis contre la porte ?

L'agente dit qu'elle a des questions à me poser : « Si on veut être capable de te protéger efficacement, il faut connaître ton quotidien. » Elle m'interroge sur mes parents, mes colocataires, mes amis, mes déplacements, mes habitudes. Tout à coup, je me sens piégé. J'ai peur qu'on m'incarcère sans raison. Ce n'est pas très rationnel, mais les circonstances se prêtent admirablement bien à ce type de crainte. Les policiers peuvent bien tout confondre, ça s'est déjà vu, et croire que je suis « l'éminence grise » qui commande ces obscurs groupuscules de « fauteurs de troubles » dont on parle tant, mais qu'on voit rarement agir.

Je reste évasif, je réponds avec des banalités qui sont déjà publiques pour la plupart. Puis, les questions de l'agente deviennent de plus en plus spécifiques, se concentrent sur la CLASSE, sur le rôle que j'y joue. Celle-ci semble être au courant de certaines tensions internes, elle me nomme des groupes militants montréalais qui pourraient m'en vouloir. Elle cherche peut-être à me faire parler d'eux? Je réponds que je ne les connais pas, ce qui est vrai. Progressivement, ses questions se transforment en affirmations: «Tu sais que ce qui se passe ces jours-ci est très inquiétant? Tu sais qu'il faut que tu fasses très attention à ce que tu dis? Tu sais qu'avec les nouvelles lois antiterroristes, il est possible d'être accusé d'incitation à craindre un attentat terroriste? Je dis cela pour ton bien, il ne faudrait pas qu'il t'arrive quelque chose.» Sur le coup, l'angoisse m'empêche de comprendre ce qu'elle est en train de faire: me menacer.

L'interrogatoire dure près d'une heure et demie. Il se conclut sur ce «conseil d'ami»: «Si tu veux que tout aille bien pour toi, il faut vraiment que l'on travaille ensemble. Tu as ma carte, appelle-moi pour me donner toutes les informations que tu as. C'est à l'avantage de tout le monde.» Je ne l'appellerai pas et n'aurai plus jamais de ses nouvelles par la suite. Lorsqu'un journaliste de Radio-Canada la contactera personnellement quelques semaines plus tard, elle déclarera ne pas se souvenir de cet interrogatoire. Il me paraît hautement improbable qu'on puisse «oublier» une rencontre aussi longue, dont l'objet était en théorie la protection d'un des porte-parole étudiants qui se trouvait au centre de l'actualité.

La veille de ce mystérieux entretien, le ministre de la Sécurité publique, Robert Dutil, tenait des propos controversés à mon sujet. «M. Nadeau-Dubois s'exprime avec volubilité, dit toutes sortes de choses et quand on décode, quand on ramasse l'ensemble de ses déclarations et qu'on fait un portrait, on doit constater qu'à la fin, ce qu'il dit c'est : tous les moyens sont bons pour obtenir satisfaction, y compris la violence[1] », avait-il déclaré aux journalistes, avant de répéter le message sur toutes les tribunes pendant toute la journée. Selon l'agente qui m'a interrogé, c'est le ministre en personne qui a demandé à la SQ d'intervenir « dans le dossier ». Difficile, en conséquence, de ne pas faire de liens entre cette déclaration et ma convocation dans les locaux de la SQ le lendemain soir. Peu après le début de la grève, la stratégie libérale a été de marginaliser la CLASSE pour affaiblir sa position à l'intérieur du mouvement étudiant. Pour ce faire, il fallait diaboliser son porte-parole et les libéraux s'y sont appliqués avec beaucoup d'assiduité. Aux yeux du pouvoir, j'incarnais la « violence », je personnifiais le chaos social et, de toute évidence, des membres du gouvernement m'ont pris en grippe. Lors de notre première rencontre, Line Beauchamp a été incapable de me regarder dans les yeux et de m'adresser la parole ; le ministre responsable des forces de l'ordre m'a ouvertement taxé de fauteur de troubles ; la police est allée jusqu'à me mettre en garde contre moi-même. Tout cela a culminé dans l'adoption de la loi spéciale qui annulait les injonctions, mais dont un article précisait que les accusations d'outrage au tribunal étaient maintenues. Or une seule de ces accusations avait été portée, et c'était contre moi. La députée péquiste Véronique Hivon a d'ailleurs appelé cet article la

---

1. Antoine Robitaille, « Crise étudiante : l'horizon est bouché », *Le Devoir*, 27 avril 2012.

150

« clause Nadeau-Dubois ». En termes de détourne-ment partisan des institutions et du pouvoir légis-latif, on pouvait difficilement faire mieux.

Cet interrogatoire de la SQ n'était rien d'autre qu'une opération d'intimidation policière. En tant que porte-parole, j'ai été exposé à la version *soft* de cette répression, rien à voir avec les matraques, le poivre de cayenne et les bombes assourdissantes qui fusaient dans la rue. On ne mesure pas encore dans toute son ampleur la violence policière qui a été perpétrée dans les rues du Québec pendant cette grève. Je ne suis pas le mieux placé pour en parler, n'ayant pu participer à la plupart des actions à cause de mes fonctions de porte-parole, mais les témoignages que l'on entend depuis la fin de la mobilisation sont choquants. Il ne s'agit pas de faits divers ou d'anecdotes isolées. Nous avons assisté à une dérive institutionnelle majeure des corps de police.

Selon le SPVM, il y a eu 382 arrestations en vertu du Code criminel lors des mobilisations étudiantes à Montréal seulement, ainsi que 1 711 interpella-tions en lien avec des infractions aux règlements municipaux. Selon la Ligue des droits et libertés, à l'échelle québécoise, on parle de 3 509 arrestations et interpellations, 83 % d'entre elles (soit 2 913) étant le fruit d'encerclements de masse. Cela signi-fie que l'immense majorité des arrestations ont été faites sans discernement, la police lançant ses filets pour capturer des bancs de poissons, se souciant rarement d'interpeller seulement des individus commettant des méfaits. La très vaste majorité des gens arrêtés l'ont donc été en contradiction avec deux principes démocratiques fondamentaux, la liberté d'expression et la liberté de réunion. Qu'on soupçonne certains individus d'avoir commis des gestes illégaux ne rend en aucun cas légitime l'arrestation massive de plusieurs centaines de personnes. On se rappellera le triste épisode du 23 mai lorsque 518 manifestants ont été encerclés et arrêtés à Montréal, ou celui du 18 avril à l'UQO, quand 161 citoyens ont été détenus pendant des heures pour une présumée violation d'un article du Code de la sécurité routière. Il est parfaitement clair que, par ce genre d'arrestations de masse, les policiers s'en sont pris arbitrairement à des milliers de personnes, seulement parce qu'elles participaient à une manifestation.

Ces chiffres sont troublants, mais ce qui l'est encore plus, ce sont les dizaines de milliers de témoignages de manifestants victimes de violence policière directe. Des histoires qu'aucune enquête officielle n'a retenues, mais que la Ligue des droits et libertés a tenté de répertorier dans un rapport publié au printemps 2013[2]. On ne compte plus ceux qui disent avoir été frappés, piétinés, plaqués au sol ou contre un mur, étranglés, tirés par les cheveux, traînés par terre, roués de coups de poing, de genou ou de pied. Le résultat : « ecchymoses, enflures, entorses aux poignets, aux chevilles, au cou et même des fractures de côtes, de jambes ou

---

2. Ligue des droits et libertés, Association des juristes progressistes et Comité légal de la CLASSE, « Répression, discrimination et grève étudiante : analyse et témoignages », 2012, http://ajpquebec.org/wp-content/uploads/2013/04/rapport -2013-repression-discrimination-et-greve-etudiante1.pdf

de bras[3] ». Le 1er mai 2012, un jeune militant subit de multiples fractures du crâne après avoir tenté de quitter une manifestation déclarée illégale[4]. Il n'est pas le seul à s'être fait infliger des blessures graves. Francis Grenier et Maxence Valade se rappelleront toute leur vie de la grève : tous deux y ont perdu l'usage d'un œil. Perte de l'usage d'une oreille, fractures des os du visage, traumatismes crâniens : il faudrait un autre livre pour faire la recension détaillée des gestes de violence commis par les forces l'ordre, particulièrement le SPVM, durant ces mois de mobilisation citoyenne. Bien entendu, les policiers nient en bloc. Ils ne se souviennent plus de rien, comme l'agente qui m'a interrogé.

Ces gestes étaient, la plupart du temps, commis dans un contexte de violence verbale et psychologique difficile à décrire. Parmi les témoignages recueillis par la Ligue, on ne compte plus les propos injurieux, racistes, sexistes, homophobes et haineux tenus par des policiers en service et adressés aux étudiants. « Un policier m'a attrapé par le bras. Je lui ai dit de ne pas me toucher ni me pousser, et il me répond "Si je t'avais poussé, t'aurais r'volé". J'ai demandé s'il s'agissait d'une menace et le policier m'a répondu sur un ton agressif : "C'est une promesse". Il a roulé avec son vélo dans mon entrejambe en me disant de quitter les lieux. Secoué, j'ai rétorqué que je suis citoyen et qu'il me doit du respect, ce à quoi le policier m'a dit "t'es pas un

---

3. *Ibid.*, p. 6.

4. Philippe Tesceira-Lessard, « Un manifestant blessé envisage de porter plainte », *La Presse,* 3 mai 2012.

citoyen, t'es un moron"[5] », relate un témoignage consigné dans ce rapport. Cela confirme les révélations faites en mai 2012 par Michèle Ouimet, journaliste à *La Presse,* après une entrevue exclusive avec un employé du SPVM sympathique à la cause étudiante : « Plusieurs les voient comme des enfants-rois, des bébés gâtés qui ont des iPhones, qui voyagent et qui, en plus, veulent se faire payer leurs études[6] », avait-il répondu lorsque la journaliste lui avait demandé l'opinion des policiers sur les manifestants. Quant aux sentiments que ma personne inspirait aux agents de la paix : « Ils le haïssent, une haine profonde », avait-il ajouté. Ils auraient aussi affublé Martine Desjardins d'un « surnom peu flatteur », « du genre qui ne s'écrit pas ». On imagine assez bien. Les propos de la désormais célèbre matricule 728 du SPVM ne constituent donc en aucun cas un accident isolé, mais bien la pointe visible d'un gigantesque iceberg.

Il y a eu des centaines de manifestations au Québec en 2012, dont l'immense majorité était absolument pacifique. On n'y a vu que très peu de gestes de colère, ce qui est étonnant compte tenu de l'intensité de la crise, mais surtout du mépris et de la haine dont les étudiants ont été accablés. Quant aux actions symboliques et aux opérations de perturbation économique comme les occupations de bureaux, on peut les déplorer ou les défendre comme des moyens de lutte légitimes, mais

---

5. Ligue des droits et libertés, Association des juristes progressistes et Comité légal de la CLASSE, *op. cit.*, p. 33.

6. Michèle Ouimet, « Bourrés de préjugés, les policiers ? », *La Presse,* 30 mai 2012.

elles étaient aussi pour la plupart pacifiques. Les qualifier d'actes de *violence* et d'*intimidation* est un excès de langage qui confine à la démagogie. Du point de vue des manifestants, la violence et l'intimidation s'exprimaient surtout dans les médias et par les coups de matraque. Pour la plupart des manifestants, les échauffourées étaient provoquées par la police, délibérément ou non. Les policiers ont-ils cassé plus de bras, fracassé plus de têtes, frappé et humilié plus de personnes qu'il n'y a eu de vitres de banques cassées? Voilà qui mériterait d'être tiré au clair. Et de quel droit met-on sur un pied d'égalité des dommages à des biens matériels et l'agression brutale de citoyens par des représentants de l'ordre armés jusqu'aux dents? Par-delà l'indignation morale, trop souvent affectée, il importerait de prendre une bonne fois pour toutes la véritable mesure des cas de brutalité policière. Pour l'instant, c'est la parole des manifestants contre celle des policiers et, comme par hasard, seules les forces de l'ordre refusent qu'un tiers, neutre, se penche sur la question.

Dans cette histoire, les forces policières ont sciemment abusé de la confiance qu'une majorité de Québécois leur accorde encore. Tout comme elles ont abusé de la mienne en me convoquant sous prétexte de me protéger, alors que leurs intentions étaient de me transformer en informateur ou de m'intimider. Il est naturel, dans une société démocratique, que la population prête foi à la police. Il est pour le moins moralement douteux de se servir de cette confiance pour tromper l'opinion publique, et justifier l'injustifiable. La répression des manifestations est symptomatique d'un grave problème de politisation des forces policières, et on aurait tort de balayer ce danger sous le tapis en prétendant qu'il ne s'agit là que de bavures.

# CHAPITRE 9

# TENIR TÊTE

*Il faut poser des actes d'une si complète*
*audace, que même ceux qui les réprimeront*
*devront admettre qu'un pouce de délivrance*
*a été conquis pour tous.*

Claude GAUVREAU

« Monsieur Charest, Sherbrooke. Monsieur Fournier, Saint-Laurent. Madame Courchesne, Fabre. » Applaudissements. D'où je suis, je les aperçois à peine. Je me trouve juste au-dessus. Les règles sont strictes aux balcons de l'Assemblée nationale : pas le droit de parler, pas le droit de rire ni même de faire le moindre geste d'approbation ou de désapprobation. Et nous sommes surveillés, de près : quelques mètres à ma gauche, un gardien de sécurité nous fixe. Au fond, ce n'est pas très différent que de regarder le débat à la télévision. Pour la première fois depuis des mois, je suis confiné au rôle du spectateur. Je suis « au-dessus de la mêlée », littéralement. Muet et immobile, je ne peux que regarder l'action, de loin.

La ministre Courchesne se lève, sourire aux lèvres, triomphante. Elle se rassoit, mais l'ovation se poursuit. Ses collègues l'encerclent, applaudissant encore plus fort. « Bravo ! Bravo ! » crient-ils avec un enthousiasme forcé. Elle dodeline de la tête, les regarde les uns après les autres, toujours aussi souriante. Les applaudissements cessent.

Je lève les yeux : dans l'atmosphère tendue, un lourd silence s'est brusquement imposé. Le président enchaîne : « Monsieur Vallières, Richmond. Madame Gagnon-Tremblay, Saint-François. Madame Bayle, Notre-Dame-de-Grâce. Monsieur Bachand, Outremont. » Le vote de la première rangée est terminé. J'ai beau me pencher au-dessus de la balustrade, je ne les vois plus. Mais ça continue. Fermer les yeux n'y change rien. On dirait même que ça s'accélère : « Monsieur Lessard, Frontenac. Madame Thériault, Anjou », comme si quelqu'un voulait en finir au plus vite.

Les noms se succèdent rapidement, alors que monte en moi un sentiment d'impuissance. J'ai bien cru qu'on échapperait à cette loi spéciale. Il y a eu cette tentative du PQ : allonger les délais pour reporter la séance à mardi, en même temps que la manifestation prévue le 22 mai. Mais la majorité parlementaire libérale est invincible. Je sais maintenant que l'adoption du projet de loi 78 est inévitable. J'attends, et cette passivité me donne le vertige. Dans la rue ou lorsque je m'adresse à la foule et aux médias, l'action me libère de la nervosité, mais assis aux balcons de l'Assemblée nationale, je suis complètement impuissant. Le stress, l'anxiété et la colère s'emparent de moi, la fatigue me gagne, je n'ai plus la force d'écouter la voix du président. Cela fait si longtemps que je n'ai pas bien dormi, que je n'ai pas pris le temps de manger convenablement. Je suis sale, vanné. J'essaie de faire le bilan. J'essaie de comprendre comment nous en sommes arrivés là. Avons-nous commis une erreur? Je ne peux pas accepter que cette grève se termine sur cette fausse note. Aurions-nous dû accepter la première offre? Aurait-il fallu condamner la violence plus clairement et plus rapidement? Sommes-nous allés trop loin? Les libéraux sont-ils allés trop loin?

«Monsieur Pigeon, Charlesbourg.» Nouveau tonnerre d'applaudissements. Ils se réjouissent de restreindre les libertés civiles. Une telle joie à l'idée de piétiner la vie démocratique n'annonce rien de bon pour le mouvement étudiant. Elle est bien belle la grève, mais elle semble tout à coup très fragile. J'ai l'impression de la voir s'écrouler sous mes yeux. Nos efforts acharnés, les assemblées, les débats, les rencontres, les rires, les cris de joie, la rage des désaccords, le choc des idées, tous ces moments défilent dans ma tête, comme s'ils étaient brusquement condamnés à n'être que des souvenirs, aussi bien dire condamnés à mort. Il faut que ce vote cesse! Je ne peux pas me résoudre à l'idée que cet acte d'autorité, qui est aussi un signe d'impuissance de Jean Charest, puisse museler les étudiants. En bas, sous les balcons, les libéraux gloussent de satisfaction, cette débâcle de la démocratie semble hautement les amuser.

Le président se retourne, puis continue le tour de vote. Je peux à nouveau voir ce qui se déroule.

«Monsieur Bonnardel, Shefford. Monsieur Rebello, La Prairie.» Traître! L'annonce du nom de François Rebello, ancien président de la FEUQ (1994-1996), déclenche des applaudissements plus nourris que jamais : «Bravo! Bravo!», «Quelle conviction!», «Un ancien président de la FEUQ!». Les péquistes vitupèrent avec une force étonnante au regard des longues heures qu'ils ont passées à débattre. Il faut croire que la perspective de railler ce vire-capot les réveille. Leur chahut vindicatif se fond à celui de la machine à tapage libérale, une phalange bien soudée. Martine est à côté de moi, le visage entre les mains, elle a honte de son prédécesseur. Je ne peux m'empêcher de sourire face à une telle ironie.

Le président reprend : «Que les députés contre cette motion se lèvent.» «Madame Marois, Charlevoix.» Le concert d'applaudissements reprend de plus belle, il provient cette fois de l'opposition officielle. Cette procédure où chaque geste est calculé, où chaque parole est formatée d'après la ligne du parti, ce décorum et cette mise en scène me semblent affreusement lourds. Même l'ovation à Pauline, trop longue, sonne un peu faux, les bravos sont trop théâtraux. La fonction de député n'est-elle rien de plus qu'un rôle de composition? Débattent-ils pour nous représenter ou pour se donner en représentation?

Les gens sérieux – ceux qui n'ont pas à manifester pour se faire entendre – soutiennent que c'est en ces lieux que vit la démocratie québécoise, même lorsqu'on la défigure, comme c'est le cas aujourd'hui. Pourtant, à quelques exceptions près (et elles sont non négligeables), les monologues rhétoriques et les parades partisanes qui m'ont été donnés à entendre dans les heures précédentes étaient d'une navrante pauvreté intellectuelle. Aucune comparaison possible avec les débats d'idées dont j'ai été témoin dans les assemblées étudiantes de la grève. Les slogans et les formules vides que l'on se lance à la tête à l'Assemblée nationale, dans une syntaxe parfois douteuse, font piètre figure face à bien des débats entre des cégépiens d'à peine 18 ans. L'Assemblée nationale devrait être un espace public, un lieu d'expression privilégié de l'esprit public, or elle est devenue un espace publicitaire où l'auto-promotion partisane l'emporte sur tout. Un tel cirque n'a strictement aucune raison de s'estimer plus noble que la « rue ».

« Monsieur Khadir, Mercier. Madame Lapointe, Crémazie. Monsieur Aussant, Nicolet-Yamaska. Monsieur Curzi, Borduas. Y a-t-il des abstentions ? Aucune ? Monsieur le Secrétaire général, pour le résultat du vote ?

— Pour : 68. Contre : 48. Abstentions : aucune.

— Alors, la motion est adoptée. En conséquence, le projet de loi 78, Loi permettant aux étudiants de recevoir l'enseignement dispensé par les établissements de niveau postsecondaire qu'ils fréquentent, est adopté. »

Quel infâme euphémisme que cet intitulé ! Je suis hors de moi. J'ai la gorge nouée et les yeux rouges. Nous avons lutté, forcé un débat qui n'aurait jamais eu lieu autrement, mais les libéraux viennent de nous rappeler qu'ils détiennent le pouvoir d'interdire l'existence de notre mouvement. La loi, en effet, suspend les sessions jusqu'en août, et impose un calendrier de reprise des cours de l'hiver. Elle interdit formellement à quiconque de nuire à la tenue de ces cours et, comme si cela ne suffisait pas, elle bafoue le droit de manifester.

Le vote terminé, le Salon bleu se vide. Une main fraternelle se pose sur mon épaule. Je distingue vaguement la voix de l'attaché de presse de la CLASSE : « Il faut y aller, Gabriel. Ils t'attendent. » Une grande respiration. Une deuxième, puis je me ressaisis. En descendant le long escalier, je repense à tout ce que nous avons fait pour faire vivre cette grève qui – j'en suis convaincu à cet instant – vient d'être tuée par l'adoption de cette loi. Dans le grand hall, j'échange quelques mots avec Martine et nul autre que François Rebello nous accoste. Il affiche un air à la fois fier et embarrassé, comme un petit garçon qui vient confesser à ses parents un mauvais coup qui a mal tourné. Il s'adresse à ma collègue de la FEUQ : « Tu vois ? Avec les amendements qu'on a proposés, la loi est pas mal moins pire... » Martine le coupe immédiatement : « Tu me niaises-tu ? » Rebello comprend que c'est peine perdue et tourne les talons. Le regardant partir, je ne peux m'empêcher d'ajouter : « Ouais, c'est ça. Va-t'en donc. » Ce n'est sans doute pas mon meilleur mot d'esprit, mais ça vient du cœur !

Nous sortons pour fumer une cigarette en attendant, comme convenu, que les fédérations étudiantes terminent leur point de presse pour tenir le nôtre. Puis, je me dis que la situation mériterait que nous mettions nos désaccords de côté, que nous parlions ensemble aux médias. Je demande l'avis de Renaud, il me dit que c'est une excellente idée. Il s'empresse donc de faire quelques appels afin de vérifier si ce plan pourrait intéresser les deux fédérations. Pendant ce temps, je téléphone à mes collègues de l'exécutif pour savoir s'ils approuvent l'idée. Entre deux appels, Renaud m'approche : « Oublie ça, le projet est mort. » L'attachée de presse de la FECQ a sèchement balayé l'idée du revers de la main, « parce qu'il n'est pas question que j'assoie Léo à côté de ton porte-parole. C'est pas vrai que je vais l'associer à vous ».

Une loi menaçant l'existence même des associations étudiantes québécoises vient d'être adoptée. Ne faudrait-il pas se serrer les coudes, maintenant ? Une telle réaction n'est plus du corporatisme, c'est de l'inconscience politique pure et simple. Sur le coup de l'émotion, j'appelle le vice-président de la FEUQ qui accompagne Martine. Je lui relate les propos de sa consœur de la FECQ. Il laisse échapper un juron puis me dit qu'il va l'appeler « pour régler ça, compte sur moi ». Furieux, je lui réponds que je ne veux plus rien savoir de la FECQ, que c'est moi maintenant qui refuse de faire une conférence de presse avec des gens qui me traitent comme un criminel. Aujourd'hui, avec le recul, je sais que je n'aurais pas dû réagir de cette façon. J'ai pris cet affront personnellement et je n'ai pas aimé qu'on lève ainsi le nez sur la CLASSE, comme s'il s'agissait d'un groupuscule marginal alors que nous représentions au bas mot trois fois plus de grévistes que la fédération collégiale (75 000 par rapport à 25 000). J'ai manqué de sang-froid. J'aurais dû piler sur mon orgueil pour qu'on parle d'une seule voix contre le gouvernement. Briser un élan de solidarité pour ce genre de susceptibilité, ce n'est pas très édifiant.

Pendant que Martine et Léo s'adressent aux médias, j'attends dans un couloir étroit et je réfléchis à la suite des choses. J'essaie d'anticiper le congrès de la CLASSE qui doit débuter le lendemain. Comment réagiront les assemblées générales ? À cet instant, Renaud me tend son téléphone cellulaire : la page d'accueil du site web de Radio-Canada montre une manifestation de dizaines de milliers de personnes à Montréal. Ils défient la loi ! La voilà la réponse à Jean Charest : désobéir ! Je sais que je ne pourrai pas le dire ainsi aux journalistes dans les instants qui suivront, mais j'en suis profondément convaincu : cette opposition à la loi est la seule voie à suivre. Je regarde ces images de manifestation, rassuré : c'est toujours de ce côté-ci que l'on trouve la solidarité nécessaire à la résistance aux lois injustes. La partie n'est pas terminée. Renaud me tire de mes pensées : « Il faut y aller. »

*
* *

Ce travail d'écriture remue des souvenirs douloureux. Le soir de l'adoption de la loi spéciale, j'ai pleuré de rage. Le sentiment de dégoût que j'éprouvais, je suis convaincu de l'avoir partagé avec des centaines de milliers de personnes. Le lien de confiance, déjà faible, entre une bonne partie des Québécois et les institutions démocratiques a fini de s'étioler avec ce vote. C'est dans les moments de crise qu'un gouvernement montre ce qu'il a dans le ventre et le coup de force de Jean Charest, qui consistait à suspendre les libertés fondamentales pour la première fois depuis les événements d'octobre 1970, révélait toute l'étendue de son cynisme. Pour marquer des points dans les sondages, pour se donner une chance de remporter les prochaines élections, ce gouvernement venait d'administrer un électrochoc à la démocratie québécoise. Jean Charest risquait le va-tout de la peur, et du besoin irrationnel de sécurité et d'autorité qu'elle ne manque jamais de susciter.

La réaction populaire à cette loi a été un prodigieux antidote contre ce cynisme. Les belles et imprévisibles manifestations de casseroles qui envahissaient les rues chaque soir ouvraient grand les portes du possible. Il était temps. La stratégie de Jean Charest avait atteint une limite : à force de polariser le débat et de jouer la carte de la loi et l'ordre, les libéraux avaient éveillé un mécontentement populaire sans précédent. Toute l'opération de relations publiques du gouvernement – qui carburait à la diabolisation des « carrés rouges » – prenait l'eau. À part se plaindre du bruit – ce qu'essaya de faire le maire Gérald Tremblay, et on en rit encore –, il était bien difficile de reprocher quoi que ce soit à ces dizaines de milliers d'hommes, de femmes et d'enfants qui, partout, chaque soir, défilaient avec enthousiasme à la même heure dans les rues. Tant et si bien que Raymond Bachand qualifia publiquement ce soulèvement populaire de « bonne nouvelle[1] ». Un changement de ton renversant pour celui qui, quelques jours avant, avait

---

1. Sophie-Hélène Lebeuf, « Le ministre Bachand préfère les casseroles aux casseurs », *Radio-Canada,* www.radio-canada

proféré ces mots : « Des groupes étudiants radicaux utilisent l'intimidation, la violence, je pense qu'il faut que ça s'arrête. Il y a des groupes radicaux qui, systématiquement, veulent déstabiliser l'économie de Montréal. Ce sont des groupes anticapitalistes, marxistes, ça n'a rien à voir avec les droits de scolarité[2]. »

S'étant fait demander si les regroupements de casseroles étaient des manifestations illégales, le ministre Bachand jappait subitement moins fort. Prétextant son manque de compétence juridique pour juger de la situation, il avait répondu un timide : « Je ne ferai pas d'interprétation juridique. » Or, pas besoin d'une grande expertise légale pour répondre à cette question. En vertu de la loi spéciale, les manifestations de casseroles étaient évidemment illégales. C'était même leur première raison d'être, et on ne se gênait pas pour l'affirmer en scandant sur tous les tons un slogan aussi blasphématoire que rassembleur. Qu'un des faucons libéraux ait été obligé de s'incliner devant ces manifestations démontre leur redoutable force politique. Le mépris du pouvoir heurtait un écueil de taille que les libéraux n'avaient pas vu venir : la dignité du peuple.

Quelque temps après l'adoption de la loi spéciale, je me retrouve sur un plateau de télévision à commenter les manifestations citoyennes qui,

.ca/nouvelles/Politique/2012/05/25/001-bachand-conflit-etudiant-casseroles.shtml

2. Tommy Chouinard, « Manifestations : "assez c'est assez !", tonne Raymond Bachand », *La Presse,* 15 mai 2012.

depuis le 19 mai, font retentir les casseroles un peu partout au Québec. Me précède en ondes un chroniqueur politique d'un grand quotidien montréalais, à qui l'on demande une analyse de la situation. Entre nos deux entrevues, le temps d'une pause publicitaire, nous échangeons quelques mots. Il me raconte que son quartier est le théâtre de manifestations de casseroles quotidiennes et que sa fille de neuf ans a beaucoup insisté pour y participer. Son petit frère de six ans, évidemment, ne voulait pas rester derrière, si bien qu'un jour, leur père a cédé et ils se sont retrouvés sur le trottoir avec leurs casseroles. Le petit, ravi de tapocher son chaudron, a tout de même fini par se demander ce qu'il faisait là et a interrogé sa grande sœur qui lui a répondu fièrement : « Le gouvernement veut pas qu'on manifeste... faqu'on manifeste ! » Après son récit, le chroniqueur ajoute : « Je ne sais pas exactement ce que c'est, mais il faut que tu saches que vous avez réveillé quelque chose de très fort ce printemps. Le Québec en sera marqué à jamais. »

Cette réponse candide, sortie de la bouche d'une petite fille, en dit beaucoup sur ce que représentaient les manifestations de casseroles, mais aussi sur ce que ce mouvement lèguera au Québec. Pour des dizaines de milliers de Québécois, et pas seulement des étudiants, le printemps 2012 aura été le moment d'une première expérience de désobéissance civile (de 7 à 77 ans !). La petite fille de l'anecdote exprimait avec simplicité quelque chose que l'on a eu tendance à oublier : malgré leur caractère festif et familial, les manifestations de casseroles étaient des actes de défiance délibérée d'une loi dûment adoptée par le Parlement. Qu'une petite fille de neuf ans ait été en mesure de le formuler aussi clairement – sans bien sûr saisir toute la portée de son affirmation – démontre le niveau de « pénétration » sociale de la désobéissance civile lors du conflit étudiant. Il fallait défier l'autorité du gouvernement, précisément parce qu'il dépassait les limites dans lesquelles les citoyens acceptaient qu'il gouverne.

Il y avait quelque chose de profondément rassurant dans ce soulèvement spontané qui répondait en partie au mépris des libéraux, mais qui révélait aussi la persistance d'un sentiment communautaire et politique fort au Québec. Il nous rappelait que, malgré tout ce que l'on a pu entendre, des centaines de milliers de nos concitoyens sont toujours sensibles à la chose publique, soucieux de leurs libertés et capables de critiquer le pouvoir. Lorsque les casseroles ont envahi les rues, nous avons été nombreux à pousser un grand soupir de soulagement : nous ne sommes pas seuls et, en groupe, nous ne sommes pas que des moutons. Cette loi et les peines sévères qu'elle menaçait d'imposer ont tout simplement été rejetées par la population. La rue a cloué le bec à Jean Charest et on a pu voir que la désobéissance civile est un geste parfois normal en démocratie.

Cela contredit assez efficacement le ministre libéral de la Justice Jean-Marc Fournier qui – peut-être encore amer d'avoir perdu contre les étudiants en 2005 – a déclaré que « la désobéissance civile, c'est un beau mot pour dire vandalisme[3] ». Pour ce monsieur, la cause est entendue d'avance, la déso-béissance civile n'est rien d'autre qu'une forme raffinée de délinquance, un joli mot d'esprit servant de couverture à un mépris généralisé de la loi et des institutions. Cette opinion a été amplement relayée par la pléthore de commentateurs habituels. Une liste exhaustive serait trop longue, mais mentionnons le chroniqueur Mathieu Bock-Côté qui, bien qu'il soit capable d'émettre autre chose que de simples opinions, parle souvent de ces événements comme d'une forme de rejet des institutions, alors qu'il s'agit précisément de l'inverse. Il ne faut pas confondre le respect des figures d'autorité avec celui des institutions. D'une manière analogue, quatre jours après la manifestation du 22 mai, alors que les manifestations de casseroles atteignaient leur paroxysme, Denise Bombardier s'alarmait le plus sérieusement du monde de l'effondrement de l'État de droit dans les pages du *Devoir*. Avec le recul, ses propos paraissent d'un ridicule consommé : « La rue a gagné sur l'État de droit. Les lois votées à l'Assemblée nationale et celles imposées par les tribunaux pourront *désormais* être invalidées dans les faits par des groupes divers qui ont fait leurs classes ce printemps en bloquant Montréal la rouge, en noyautant les réseaux sociaux, en intimidant leurs adversaires et

---

3. Tommy Chouinard, « Désobéissance civile : Jean-Marc Fournier condamne le choix de la CLASSE », *La Presse*, 22 mai 2012.

en usant de violence[4]. » S'en était fait de la démocratie, le Québec sombrait dans le chaos. Au moment d'écrire ces lignes, près d'un an après les événements, plusieurs lois ont été adoptées par l'Assemblée nationale et elles sont appliquées avec rigueur par la fonction publique. Force est d'admettre que madame Bombardier avait un peu exagéré le péril. En revanche, peut-être sous-estime-t-on la menace que représente la prolifération d'un tel manque de discernement dans nos médias.

La désobéissance civile pratiquée par le mouvement étudiant au lendemain de l'adoption de la loi 78 a été présentée comme une pente savonneuse menant inexorablement à un retour de la loi du plus fort. Pour la discréditer, on a prétendu que la désobéissance civile est irréconciliable avec la démocratie, parce qu'elle témoignerait d'un mépris puéril envers l'État de droit – une conception qui se rapproche de la réduction du manifestant au statut d'« enfant-roi » réfractaire aux sacrifices et à l'autorité. Or, il n'y a rien de plus faux : la désobéissance civile ne signifie pas refuser toutes les lois en tout temps pour n'importe quelle raison. Ceux qui ont fait la leçon au mouvement étudiant et aux citoyens qui les appuyaient oublient que la motivation des peuples à respecter les lois, ce n'est pas simplement leur statut *formel* de loi, encore moins une crainte bête de la sanction. C'est aussi, de manière beaucoup plus profonde, leur adhésion aux principes et aux valeurs qui fondent le droit, et dont les lois doivent être l'expression posi-

---

4. Denise Bombardier, « La rue a gagné », *Le Devoir*, 26 mai 2012.

tive. Ainsi, ce qui incite une grande majorité de travailleurs à payer leurs impôts, ce n'est pas simplement la peur du fisc : c'est aussi et surtout parce qu'ils reconnaissent qu'il est nécessaire et souhaitable, afin d'assurer des services publics minimaux, de mettre en commun certaines ressources. En grande partie, les lois sont respectées parce qu'elles apparaissent justes. Lorsqu'elles, ou le pouvoir qui les promulgue, échouent à faire reconnaître leur légitimité, elles sont susceptibles de générer de la résistance.

On est souvent tenté de voir dans la matraque un symbole de la force de l'État, mais il s'agit plutôt d'une démonstration de sa faiblesse. Sur le moment, la loi 78 est apparue comme un coup de force et un signe d'autoritarisme, mais elle démontrait en réalité l'essoufflement et le désespoir d'un gouvernement poussé dans ses derniers retranchements. C'est son incapacité à régler la crise par des moyens politiques ordinaires qui a forcé le gouvernement libéral de Jean Charest à utiliser des moyens législatifs extraordinaires. Ce faisant, il franchissait une limite, trahissant les principes fondamentaux qui fondent *en théorie* notre ordre politique, soit la liberté d'expression, de conscience et d'association. C'est en réaction à ce dérapage que les casseroles ont retenti, comme pour dire : « C'est assez, tu vas trop loin. » Les centaines de milliers de Québécois qui défilaient dans les rues chaque soir ne manifestaient donc pas un refus bête de l'autorité politique et des institutions. Bien au contraire, ils exprimaient une exigence toute simple, que celles-ci soient à la hauteur des principes qui les fondent : servir le bien commun, non les intérêts de ceux qui l'administrent. Si les manifestations de casseroles étaient illégales, ce n'est donc pas parce que les familles qui y participaient maudissaient l'État de droit, mais bien parce que l'État de droit lui-même s'était égaré en adoptant une loi qui contrevenait aux principes fondamentaux de notre société. D'où la fierté et l'émotion qui ressortaient de ces protestations. Si la délinquance se fait dans la marge, dans l'ombre, les casseroles, elles, tonitruaient en plein jour et aux yeux de tous. Ce qui donnait tout son éclat à ce geste, c'était son caractère public.

Ni mépris simpliste de l'État de droit, ni obstination enfantine pour obtenir des privilèges, les casseroles étaient au contraire une affirmation d'un principe fort que Pierre Vadeboncoeur appelait l'autorité du peuple. En sortant avec ses casseroles, le peuple a montré qu'il est toujours souverain, ou en tout cas qu'il le devient vite quand il en a l'occasion. La désobéissance civile n'est pas qu'un simple refus d'obéir et elle ne conteste pas l'existence des lois, mais bien les errements de ceux qui les promulguent. Elle ne refuse pas les institutions, mais leur détournement. En ce sens, la désobéissance civile est profondément démocratique.

Certaines positions que j'avais à défendre en tant que porte-parole de la CLASSE m'ont parfois mis mal à l'aise, mais il n'y a aucune conférence de presse dont je suis plus fier d'avoir donnée que celle du 21 mai à la place Émilie-Gamelin. Alors que les deux fédérations étudiantes et les organisations syndicales annonçaient frileusement qu'elles allaient respecter la loi spéciale, la coalition que je représentais avec Jeanne Reynolds faisait preuve de dignité et de courage en annonçant son intention de poursuivre la mobilisation sans tenir compte de l'adoption de la loi spéciale. Notre posture n'était pas pour autant de la défiance gratuite : ce jour-là, nous avons tout simplement déclaré que nous allions continuer à nous mobiliser comme nous l'avions toujours fait, dans le cadre des libertés qui nous étaient garanties par les différentes chartes, sans modifier nos pratiques en fonction de la loi 78. C'est à ce moment que la CLASSE a démontré qu'elle avait dépassé le statut d'association étudiante. Nous participions comme organisation à un mouvement citoyen.

On connaît la suite. En y désobéissant massivement, la population du Québec a rendu impossible l'application de cette loi, à l'exception de la suspension des cours. La loi spéciale, bien avant d'être formellement abolie par le gouvernement de Pauline Marois en septembre, l'a été par la mobilisation citoyenne : aucune contravention, aucune arrestation ni aucune amende n'a été émise en vertu de la loi 78. Malgré sa conférence de presse déclarant ouvertement son intention de briser la loi, bien qu'elle ait organisé une manifestation illégale de 250 000 personnes le 22 mai, la CLASSE n'a jamais reçu la moindre amende, pas même l'appel d'un enquêteur. Nous avons non seulement assisté à un mouvement de désobéissance civile sans précédent, mais nous avons aussi été témoins d'une de ses victoires les plus éclatantes.

Dans une bravade adressée au juge Ouimet lors du célèbre « procès des Cinq » de 1971[5], Michel Chartrand citait Pierre Elliott Trudeau : « C'est un devoir pour les citoyens d'interroger leur conscience sur la qualité de l'ordre social qui les lie et de l'autorité politique qu'ils acceptent. [...] Aucun gouvernement ni aucun régime n'a un droit absolu à l'existence », s'écriait-il en pleine cour. Voilà qui devrait faire réfléchir ceux qui se sont offusqués que des centaines de milliers de Québécois désobéissent à une loi dénoncée par le Barreau du Québec, Amnistie internationale, la Commission des droits de la personne et de la jeunesse du Québec et un observateur de l'onu. C'est au contraire la jeunesse du Québec qui devrait s'inquiéter d'être dirigée par une élite politique et médiatique ayant une si pauvre idée de la société et des institutions, elle qui ne voit la première que comme un agrégat d'individus et les deuxièmes comme des coquilles vides auxquelles il faudrait obéir docilement en toute circonstance. On devrait se réjouir, en regardant un peu plus loin, de constater que la génération qui prendra en main ce pays dans quelques années a d'ores et déjà le courage de tenir tête à des dirigeants qui, à force d'être laissés tranquilles, ont oublié au service de qui ils travaillent.

---

5. Arrêtés en octobre 1970, sous la Loi sur les mesures de guerre, Michel Chartrand, Pierre Vallières, Charles Gagnon, Robert Lemieux et Jacques Larue-Langlois sont accusés de « conspiration séditieuse ». Le 8 janvier 1971 commence le spectaculaire « procès des Cinq », qui vaudra à Michel Chartrand, dès le premier jour, quatre condamnations pour outrage au tribunal. Les accusés seront acquittés.

# CHAPITRE 10

# À L'OMBRE DES LOIS

*Il n'y a point de plus cruelle tyrannie que celle que l'on exerce à l'ombre des lois et avec les couleurs de la justice.*

MONTESQUIEU

Deux mois presque jour pour jour après le début de la grève, un étudiant en arts plastiques de l'Université Laval, Jean-François Morasse, obtient une injonction de la Cour supérieure du Québec lui garantissant l'accès intégral à ses cours. Malgré le mandat de grève voté démocratiquement et le respect de ce mandat par les professeurs de son département, monsieur Morasse tient mordicus à assister à ses cours. « Ça dépasse l'entendement de croire qu'on peut faire autant souffrir des gens au nom d'une cause sociale. Moi, ça ne me rentre pas dans la tête », se plaint-il à un journaliste de Radio-Canada[1]. Morasse va même jusqu'à avouer candidement qu'il ne s'est pas présenté à son assemblée

---

1. « Université Laval : un autre étudiant réclame une injonction pour retourner en classe », *Radio-Canada*, 12 avril 2012, www.radio-canada.ca/regions/Quebec/2012/04/11/011

générale de grève, n'en voyant pas l'intérêt. À posteriori, on est tenté de lui donner raison : à quoi bon participer aux délibérations démocratiques si l'on peut par la suite les contourner en faisant appel aux tribunaux ? L'ordonnance qu'il obtiendra du tribunal sera une des rares à être respectée pendant la grève : l'étudiant Morasse accédera sans problème à ses cours et les terminera dans les temps. Ce ne sera pas suffisant pour lui. Deux mois plus tard, il déposera des accusations d'outrage au tribunal contre moi, alléguant qu'une déclaration que j'ai faite sur les ondes de RDI était une incitation à briser l'injonction que la Cour supérieure avait délivrée. Jean-François Morasse, qu'un avocat et une procédure juridique ont métamorphosé en un courageux justicier combattant envers et contre tous cette infâme grève, ira jusqu'à réclamer publiquement mon emprisonnement. La tentative de briser le mouvement étudiant en recourant aux tribunaux ouvre un nouveau chapitre de l'histoire de la grève. Le scénario, cependant, sera le même.

Devant la cour, les demandeurs d'injonctions ont plaidé ce que l'ensemble des opposants à la grève revendiquaient, une thèse popularisée par Arielle Grenier lors de son mémorable passage sur le plateau de *Tout le monde en parle*, à savoir le droit privé inaliénable des étudiants à assister aux cours qu'ils avaient achetés. Ils exigeaient que la cour force l'exécution de ce contrat. Ce n'est pas la première fois, dans l'histoire juridique, qu'on brandit le droit privé pour contester la légitimité du droit

-jean-francois-morasse-demande-injonction-cours-univ-laval
.shtml

d'association et, plus généralement, du droit social. Au début du siècle dernier, bien des législations sociales ont ainsi été attaquées par les tribunaux. Un esprit étroitement libéral jugera tout à fait normal qu'on protège les libertés individuelles, la propriété et le contrat contre la tyrannie de la majorité, les abus des pouvoirs collectifs. À l'inverse, il va de soi qu'un démocrate exige que l'on protège d'égale façon la volonté politique et les droits collectifs contre les caprices ou l'arbitraire individuels – on appelle corruption, abus de pouvoir, voire tyrannie, la soumission unilatérale des institutions à de tels intérêts. Rapidement, les juges ont considéré que dans ce conflit les droits individuels, contractuels, l'emportaient sur les droits collectifs de nature politique. Cette décision les a menés à déconsidérer l'essence politique de la grève. Une grave erreur d'appréciation des faits.

La réalité politique exige qu'on accepte d'appartenir à un groupe et, parfois, de se plier à une volonté générale. On appelle cela vivre en société et, aux dernières nouvelles, l'être humain est un animal social. C'est trop demander à Laurent Proulx, ex-soldat et étudiant en droit, qui justifiait les injonctions en dénonçant la « solidarité de force » prônée par le mouvement étudiant. Combien de fois ai-je entendu cet argument : « certains ont le droit d'être pour la hausse, d'autres ont le droit d'être contre », « ceux qui veulent peuvent faire la grève pendant que d'autres assisteront à leur cours » ? Chacun pour soi et tous d'accord sur une seule chose : ne plus rien partager, se foutre la paix. Bien sûr, personne n'ose annoncer aussi crûment un tel programme et l'on prend toujours soin de travestir cet égoïsme en généreuse ouverture à l'autre. Sur son blogue du journal en ligne *Le Prince Arthur*, Laurent Proulx décrit longuement la réflexion qui l'a mené à déposer sa demande d'injonction : « Au fond de moi-même, j'avais la sincère conviction que de bloquer l'accès aux salles de cours était illégal. Il faut me comprendre : il y a trois ans, je combattais en Afghanistan pour garantir le libre accès aux écoles à des femmes et enfants afghans[2]. » Il luttait à sa manière pour l'accès à l'éducation, tout simplement !

La grève n'a pas été déclenchée par un litige privé, c'était une crise sociale dont l'enjeu était politique : l'orientation de l'enseignement supérieur au Québec. Le droit à l'éducation, n'en déplaise à Laurent Proulx, impose à l'État la responsabilité d'offrir à sa population un système d'éducation rigoureux, libre et accessible, mais n'impose en aucun cas l'obligation à la société d'honorer l'entente que l'Université Laval a signée avec Laurent Proulx. Les contrats privés sont des accords fragiles auxquels on se soustrait facilement, comme l'a prouvé Laurent Proulx en abandonnant le cours pour lequel il avait demandé une injonction. En revanche, on ne se dérobe pas au contrat social avec autant de désinvolture, et lorsque celui-ci est rompu, lorsque les institutions tombent en ruine,

---

2. Laurent Proulx, « Faire le point sur la loi spéciale et les discussions avec le MÉSRQ », 23 mai 2012, http://fr.prince arthurherald.com/news/detail/faire-le-point-sur-la-loi-sp-ciale -et-les-discussions-avec-le-m-srq/?language_id=3

ce sont des groupes et non des individus qui en subissent les conséquences.

Les injonctions émises pour permettre l'accès aux cours pendant la grève l'ont été en vertu du principe selon lequel le fait d'avoir payé des droits de scolarité conférait le droit d'exiger l'enseignement souhaité. Les tribunaux devaient donc réduire la portée du droit d'association des étudiants et, surtout, refuser de reconnaître l'existence de la grève. Le juge Gaétan Dumas, délivrant une injonction pour l'Université de Sherbrooke, y est allé de cette renversante comparaison :

> Le mouvement de boycottage des cours organisé par les associations étudiantes s'apparente à tout autre boycottage qui pourrait être organisé contre un fabricant de jus de raisin ou un magasin à grande surface. On ne peut obliger ou empêcher une personne de faire affaire avec un fabricant de jus de raisin ou un magasin de grande surface. Il s'agit d'un choix individuel. Si un groupe décide d'organiser un boycottage de quelque entreprise que ce soit, il peut le faire. Par contre, si une personne décide de boycotter une entreprise, il ne pourra pas pour autant bloquer l'accès de cette entreprise. Il en est de même dans le cas des universités[3].

Peu après, cet amateur de jus raisin a repris textuellement cette édifiante analogie dans son arrêté d'injonction pour le Cégep de Sherbrooke.

---

3. La décision est disponible en ligne : www.jugements. qc.ca/php/decision.php?liste=65805490&doc=BF114D9061D 427686C8E71CC125591332553C8FDA9C129796DF817BDEA2B BAAE&page=1

En votant la loi sur l'accréditation et le financement des associations étudiantes, qui permet la constitution de syndicats étudiants sur le modèle de la formule Rand, le Parlement du Québec a choisi d'inciter les étudiants à s'unir pour défendre leurs droits. Or, d'un point de vue strictement juridique, la liberté d'association engage une liberté d'expression politique, la possibilité de négocier des ententes et un droit de grève. La loi qui régit les associations étudiantes ne mentionne toutefois pas ce droit de grève. Dès lors, il se trouve des juristes pour en réfuter l'existence, d'autres pour en défendre l'exercice. C'est en arguant de l'absence de mention d'un tel droit dans la loi sur les associations étudiantes que les magistrats ont quasi unanimement accordé des injonctions pour briser les débrayages. Si la jurisprudence est équivoque, l'histoire du Québec, elle, ne laisse planer aucun doute : les grèves étudiantes y ont été si fréquentes depuis 40 ans qu'elles ont en quelque sorte été culturellement institutionnalisées.

La notion de « boycott » des cours n'est rien d'autre qu'une invention rhétorique des libéraux. C'est un terme inusité dans l'histoire politique du Québec moderne. Les libéraux eux-mêmes – dont Jean Charest en personne ! – reconnaissaient en 2005 que la mobilisation concernant le régime de prêts et bourses était bel et bien une « grève ». En 1996, le PQ parlait également d'une « grève étudiante ». En fait, depuis les années 1960, le droit de grève des étudiants appartient à la coutume du Québec, il est reconnu tacitement par les administrations collégiales et universitaires, de même que par l'ensemble des gouvernements. Dans sa biographie publiée en 1998, Jean Charest évoque sa tendre jeunesse en utilisant l'expression de grève étudiante : « J'avoue que je n'ai pas beaucoup étudié, cette année-là. Je m'intéressais davantage aux affaires du conseil étudiant. L'école comptait 1 200 élèves. Nous avons organisé des grèves, des contestations, des négociations avec les professeurs[4]. » Le 14 février, jour du déclenchement de la grève par la CLASSE, Line Beauchamp parlait même en public de « droit de grève » : « C'est 11 000 étudiants qui ont décidé d'exercer leur vote de *grève*, sur 475 000 étudiants universitaires et collégiaux, donc c'est à peine plus de 2 % des étudiants en *grève*[5]. »

Le gouvernement libéral a attendu plusieurs semaines de grève pour soudainement décider de redéfinir le mouvement comme un « boycott », probablement sur les conseils de la firme de communication embauchée pour gérer la crise. On préparait ainsi le terrain aux demandes d'injonctions qui, sans surprise, ont suivi quelques semaines plus tard. Ce genre de recours massif aurait-il été possible en 2005, quand l'ensemble des acteurs reconnaissaient publiquement qu'il s'agissait bien d'une « grève » ? J'en doute fort. Autrement dit, c'est

---

4. Extrait de l'autobiographie de Jean Charest cité dans Antoine Robitaille, « Des idées en l'ère – Jean Charest, chef gréviste », *Le Devoir,* 19 mai 2012.

5. « Hausse des frais de scolarité : les grèves étudiantes déclenchées », *TVA Nouvelles,* 14 février 2012, http://tva nouvelles.ca/lcn/infos/national/archives/2012/02/20120214-14 2208.html. Je souligne.

une décision politique qui a démarré le conflit, et c'est encore un élément de discours politique qui a servi de fondement à sa judiciarisation.

Malheureusement, les idées qui devraient animer la discussion politique sont solubles dans l'affrontement procédural. Le débat qu'aurait dû mener la société sur les grandes orientations du pays a été atrophié jusqu'à n'être rien de plus que la cause *Jean-François Morasse contre Gabriel Nadeau-Dubois*. Combien d'énergie a-t-on déployée pour éviter de débattre avec les étudiants! Tant d'efforts pour nier la pertinence de nos idées, voire tout bonnement l'existence de notre mouvement. Dans ce cirque qui n'avait rien de très reluisant, nombreux sont ceux qui ont rivalisé d'ingéniosité pour noyer les enjeux de société dans des considérations procédurales.

Dans un article publié dans *Le Devoir*, Christian Brunelle, professeur de droit à l'Université Laval, rappelle qu'une ordonnance d'injonction doit contraindre à «accomplir un acte ou une opération déterminés» et «être susceptible d'exécution»[6]. Or, comme le remarque avec justesse ce juriste, plusieurs injonctions ordonnaient que l'enseignement soit dispensé de «façon normale», ce qui dans le contexte de la crise était inimaginable. À moins, bien entendu, qu'on juge normal un cours donné à un seul étudiant... entouré d'une poignée de journalistes et d'une cohorte de policiers! En réalité, les ordonnances d'injonction pelletaient les responsabilités du gouvernement dans la cour des

---

6. Christian Brunelle, «Injonctions et grève étudiante – La primauté du droit en péril», *Le Devoir*, 30 avril 2012.

cégeps et des universités, et jetaient au passage de l'huile sur le feu. Pire encore, en occultant délibérément la dimension collective du conflit, conclut Christian Brunelle, les juges ont couru le risque d'affaiblir l'autorité de leurs tribunaux et ont mis en péril «la primauté du droit».

Les ordonnances des juges n'ont été respectées par les étudiants qu'à quelques très rares occasions. Cela n'est pas surprenant. Il fallait être bien naïf pour croire qu'après des semaines dans la rue, les grévistes rentreraient chez eux sans rien dire, qu'ils obéiraient avec docilité à un ordre de cour demandé par ceux, parmi leurs camarades de classe, qui avaient perdu les débats en assemblée générale. Leur réaction était prévisible. Dans les universités et les cégeps, les étudiants ont très rapidement compris que le sort de la grève dépendait de celui des injonctions. Le respect de ces dernières signifiait tout simplement la fin de leur lutte : si les cours étaient dispensés à un ou deux étudiants, chaque gréviste devrait assumer personnellement les conséquences de son absence. Sans l'assurance que procurait la reconnaissance (volontaire ou non) de la grève par les administrations des établissements d'enseignement, la solidarité étudiante risquait de se lézarder, surtout après plus de dix semaines de grève. Il fallait tenir bon, coûte que coûte, telle était l'opinion répandue sur tous les campus, qu'ils soient représentés par la FEUQ, la FECQ ou l'ASSÉ.

La CLASSE n'a jamais appelé à briser ces injonctions. Encore moins Jeanne ou moi. Les étudiants en grève l'ont fait naturellement, presque par réflexe. Sur certains campus affiliés aux fédérations étudiantes, les présidents d'associations ont lancé en vain des appels à respecter les décisions des tribunaux. Au Collège Rosemont, Léo Bureau-Blouin s'est même présenté sur place, microphone à la main, pour demander aux étudiants et à leurs supporteurs de lever les piquets de grève – bref, de se laisser écraser par les briseurs de grève –, ce qui lui a valu d'être félicité par le juge Denis Jacques dans son jugement me condamnant pour outrage au tribunal[7]. Ce mot d'ordre, donné avec éclat devant les caméras de télévision, n'a eu d'autre effet que de plaire aux juges.

Pour ma part, j'avais décidé de m'en tenir à défendre la légitimité des mandats de grève. Sur les ondes de Radio-Canada, j'ai fait cette déclaration qui me vaudra une accusation d'outrage au tribunal :

> Ce qui est clair, c'est que ces décisions-là, ces tentatives-là de forcer les retours en classe, ça ne fonctionne jamais parce que les étudiants et les étudiantes qui sont en grève depuis 13 semaines sont solidaires les uns des autres, [...] respectent la volonté démocratique qui s'est exprimée à travers le vote de grève, et je crois qu'il est tout à fait légitime pour les étudiants et les étudiantes de prendre les moyens pour faire respecter le choix démocratique qui a été fait d'aller en grève. C'est tout à fait regrettable qu'il y ait vraiment une minorité d'étudiants et d'étudiantes qui utilisent les tribunaux pour contourner la décision

---

7. La décision est disponible en ligne : http://jugements. qc.ca/php/decision.php?liste=69491369&doc=F13FE3205B6C E386E65285FB5FA31A78490C25B00CC3D41197C1008968876 956&page=1

collective qui a été prise. Donc nous, on trouve ça tout à fait légitime que les gens prennent les moyens nécessaires pour faire respecter le vote de grève et si ça prend des lignes de piquetage, on croit que c'est un moyen tout à fait légitime de le faire.

Malgré les démarches et les complications judiciaires que ces propos ont entraînées, je ne regrette pas un seul de ces mots. Dans un contexte où certains ont choisi de parler de façon calculée et stratégique, j'ai préféré parler avec conviction, faisant ainsi fi de la peur que visait à susciter la judiciarisation du conflit politique. Encore aujourd'hui, je suis convaincu que les mots que j'ai prononcés constituaient une opinion légitime, une critique nécessaire du recours généralisé aux injonctions et une défense du droit de grève, acceptables dans toute société qui se dit démocratique. « Si on applique le critère du droit criminel, et non celui de la morale ambiante », on peut raisonnablement douter que j'aie commis un outrage au tribunal, comme l'a écrit le chroniqueur Yves Boisvert[8]. Il n'existe « aucune obligation juridique d'être un bon garçon comme Léo Bureau-Blouin », précisait le journaliste.

Dans un conflit politique aussi long et polarisé, comment les juges ont-ils pu croire un seul instant que leurs ordonnances seraient effectives ? De nombreux étudiants en grève ont vu dans le recours massif aux injonctions un détournement politique des tribunaux, d'autant plus qu'ils ont

---

8. Yves Boisvert, « La culpabilité douteuse de GND », *La Presse,* 8 novembre 2012.

reconnu dans celles-ci des arguments et une vision des institutions publiques qu'ils combattaient jour après jour sur leur campus et dans l'espace public. Dans toute cette histoire, il est regrettable que les juges saisis de ces causes n'aient pas pris la mesure du niveau de tension politique que contenaient les demandes d'injonctions. Pourtant, ce n'est pas la première fois que les cours de justice québécoises sont prises avec ce genre de dilemme.

Le 4 février 1971, se défendant au palais de justice de Montréal d'une accusation de « conspiration séditieuse » à la suite des événements d'octobre 1970, Michel Chartrand mettait en garde le juge Ouimet contre les effets pervers d'une instrumentalisation des tribunaux. Son discours, fait dans des circonstances autrement plus tendues que les nôtres, vaut tout de même d'être rappelé aujourd'hui :

> Monsieur le Président, la justice, on ne peut pas jouer avec longtemps. Les jeunes sont impatients, ils n'endureront pas aussi longtemps que leurs pères ont enduré, qu'on aime ça ou qu'on n'aime pas ça. Ils ont perdu leur complexe d'ignorance. Ils se rendent compte de ce qui se passe. Ils sont en mesure de faire la distinction entre les cours qui appliquent la justice et les cours qui engendrent l'injustice. Seulement, s'ils se rendent compte aussi qu'on ne prend pas les moyens pour que les cours qui engendrent l'injustice cessent de se dégrader, eh bien là, ils mettront toutes les cours dans le même paquet[9].

---

9. Michel Chartrand, Pierre Vallières, Robert Lemieux, Charles Gagnon, Jacques Larue-Langlois, *Le procès des Cinq*, Montréal, Lux, 2010, p. 96.

De nombreux précédents, enfouis dans les annales judiciaires, nous montrent les limites des injonctions en cas de conflit social. Au milieu des années 1970, pour ne citer qu'un exemple, le juge Jules Deschênes a refusé, dans un éclair de lucidité, de condamner une deuxième fois pour outrage au tribunal les chauffeurs d'autobus de la Société de transport de Montréal: «Devra-t-on bâtir des installations spéciales pour ces quelque 1 600 prisonniers et, surtout, pense-t-on remettre le métro et les autobus en service par ce moyen draconien?» s'interrogeait-il, qualifiant même les demandes de l'employeur de «socialement, politiquement et judiciairement inopportunes dans leur conception et dangereuses dans leurs conséquences». Le juge Deschênes est allé encore plus loin, refusant carrément de s'ingérer dans un conflit politique qui s'envenimait à vue d'œil: «D'ici à ce que l'autorité politique trouve des remèdes appropriés à la solution de ces conflits sociaux, je suis d'opinion que la Cour supérieure ne doit pas prêter son autorité à l'écrasement d'une masse de citoyens par l'amende et la prison [...], ne doit pas collaborer à un geste voué d'avance à l'échec et impropre à résoudre un conflit qui relève maintenant, depuis un certain temps, de l'autorité politique[10].» Un jugement dont je ne saurais trop recommander la lecture à l'actuelle magistrature. Une crise sociale appelle une solution négociée, politique. Il a bien fallu que le

---

10. Décision citée par Yves Boisvert, «La solution n'est pas judiciaire», *La Presse*, 5 mai 2012, http://www.lapresse.ca/debats/chroniques/yves-boisvert/201205/05/01-4522302-la-solution-nest-pas-judiciaire.php

gouvernement de Jean Charest se rende à cette évidence, comme il l'a fait à sa façon toujours aussi cavalière en adoptant en mai une loi spéciale qui annulait toutes les injonctions, reconnaissant par le fait même qu'on ne pouvait espérer une sortie de crise réaliste en les laissant s'accumuler.

Lorsque j'ai reçu le jugement[11] de mon procès plusieurs semaines plus tard, j'ai été étonné – et je n'étais pas le seul – de son ton résolu. À la lecture du verdict, on constate en effet que les propos sont durs. Le juge Jacques cite nul autre que John F. Kennedy :

> Notre nation repose sur le principe que l'observance de la loi est le rempart éternel de la liberté, et que le défi à la loi est le plus sûr chemin menant à la tyrannie. Les citoyens sont libres d'être en désaccord avec la loi, mais non d'y désobéir. Car dans un gouvernement régi par des lois et non par des hommes, aucun citoyen, quels que soient sa puissance et l'importance de son poste, ni aucun groupement, tout rebelle et indiscipliné qu'il soit, n'a droit de défier une Cour de justice.

Il se permet aussi de me comparer à mon vis-à-vis de la FECQ, Léo Bureau-Blouin, en soulignant que l'appel que ce dernier a lancé pour le respect des injonctions contraste avec ma position, qui « prône plutôt l'anarchie et encourage la désobéissance civile ». L'anarchie, rien de moins ! On est en droit de se demander où le juge Jacques est allé chercher

---

11. La décision est disponible en ligne : www.jugements. qc.ca/php/decision.php?liste=66003001&doc=EBEB579D0B 12227B1D5E53966199FABC219BAECEC8801431AF1B714B2B2 16493&page=1

une telle affirmation, puisque ni la preuve présentée devant lui ni la plaidoirie de l'avocat de Jean-François Morasse ne contenaient de telles allégations.

Un mois plus tard, j'ai reçu ma sentence : 120 heures de travaux communautaires. Dans ce deuxième jugement[12], le juge Jacques poursuit sur sa lancée. Il y décrit mon « état d'esprit bien ancré » à appeler à contrevenir aux injonctions en général pour faire respecter un « soi-disant vote de grève », ajoutant que je n'ai « même pas tenté d'expliquer ou de nuancer ces paroles », comme si le fait d'exercer mon droit de garder le silence en ne témoignant pas au procès prouvait ma culpabilité. Par ailleurs, le juge y « déplore les attaques injustifiées ainsi que les menaces » dont a été l'objet Jean-François Morasse, tout en gardant le silence sur celles que j'ai reçues. Il est pourtant de notoriété publique – et nous l'avions rappelé en cour – que j'ai été l'objet d'un nombre incalculable de menaces directes tout au long de la grève, en privé comme au grand jour, par exemple sur les ondes des radios-poubelles de la capitale.

Les deux jugements rendus par le juge Denis Jacques dans l'affaire me concernant sont pour le moins inhabituels dans leur ton et leur approche. Dans ce cas-ci comme dans bien d'autres, le magistrat a fondé son raisonnement sur une opposition binaire, indicative d'une interprétation rigide du

_____

12. La décision est disponible en ligne : www.jugements. qc.ca/php/decision.php?liste=66003001&doc=03EC276F44C 95C7E761091C5C5FC6E7949B09B09401DA78FFA62C67ADF 72BEFD&page=1#_ftn12

droit, entre obéissance absolue et aveugle aux lois et chaos social.

Une vingtaine de jours avant la première audience de mon procès, le juge en chef de la Cour supérieure du Québec, François Rolland, prononçait, comme le veut la tradition, son discours dans le cadre de la rentrée judiciaire, aussi appelée ouverture des tribunaux[13]. Ce dernier avait pris en charge la grande majorité des demandes d'injonction interlocutoire présentées pendant la grève, alors que son tribunal faisait face à un important défi de cohérence, certains juges accordant les injonctions et d'autres les refusant. Ce discours, dont la charge symbolique est importante dans le milieu juridique, est prononcé annuellement devant un très grand nombre d'avocats et de juges des différents tribunaux québécois. Le juge en chef y présente sa vision des enjeux actuels avec lesquels doivent composer les juristes de la province.

Le thème de ce discours n'étonnera personne : « Majorité, démocratie et primauté du droit ». Sans surprise, le juge Rolland y va d'une longue litanie que je ne reprendrai pas ici, mais qui, de manière générale, rappelle à la magistrature que « le respect de la Constitution et de la primauté du droit sont à la base de notre système de gouvernement », que « la primauté du droit implique d'abord que le droit est au-dessus du citoyen [...] », et qu'il n'y a « qu'une

13. « Ouverture des tribunaux Montréal. Allocution prononcée par l'honorable François Rolland, juge en chef », Cour supérieure du Québec, 6 septembre 2012, www.barreaudemontreal.qc.ca/loads/DocumentsActivites/JourneeduBarreau 20120906/2012-all-JEC_Rolland.pdf

seule loi pour tous. Et tous sont soumis aux lois». Il alterne les citations de juges, de constitutionnalistes et de philosophes, afin de rappeler que la primauté du droit est synonyme d'ordre public et que ce principe a pour objectif d'assurer «aux citoyens et résidents une société stable, prévisible et ordonnée où mener leurs activités». Il rappelle que le rôle des avocats et des juges est de défendre et d'expliquer à la population un tel système, parce que sans l'adhésion des officiers de justice à ce principe «c'est tout notre fonctionnement démocratique qui est fragilisé». L'honorable François Rolland va jusqu'à affirmer que le rôle des tribunaux est d'assurer le maintien de la sécurité et de la paix sociale. Doit-on y voir une allusion aux protestations de nombreux juristes contre le projet de loi 78, qui était justement présenté par ses défenseurs comme nécessaire au retour de la paix sociale?

Ce qui marque le plus dans le discours du juge Rolland, c'est sans conteste sa conclusion:

> À tenir les choses pour acquises, on en vient parfois à en oublier l'importance. C'est un peu comme l'oxygène. C'est lorsqu'on en manque qu'on réalise son importance. Le conflit étudiant que nous vivons au Québec depuis l'hiver dernier et les dérapages importants démontrent la fragilité du système démocratique et sa vulnérabilité. Il est certes réconfortant de vivre dans une société libre et démocratique, mais nous devons en être conscients. Cette liberté fait partie de notre quotidien, mais nous devons nous rappeler qu'elle a été acquise à fort prix. Je souhaite que nous gardions tous en mémoire l'héritage extrêmement précieux qui nous a été légué, afin que nous

puissions, à notre tour, en faire autant pour les générations qui viennent.

Avec cette dernière phrase, le juge en chef de la Cour supérieure abonde dans le même sens que les chroniqueurs de droite. Du haut de son statut de juge en chef, il affirme ni plus ni moins que le conflit étudiant a constitué une menace à la liberté et à la démocratie. Par quelle étrange acrobatie un juge en arrive-t-il à assimiler à une menace sérieuse pour la démocratie un mouvement de désobéissance civile pacifique visant à contester une loi décriée par la Commission des droits de la personne du Québec, le Haut-Commissariat aux droits de l'homme de l'ONU, Amnistie internationale et le Barreau du Québec, précisément parce qu'elle constituait une restriction abusive des libertés fondamentales qui fondent notre société? Tout au long de son discours, le juge Rolland se place au-dessus de la population, avec une attitude peu rassurante : « Nous avons un rôle important à jouer, avocats et juges, et autres intervenants de justice, d'autant plus que nous en sommes en quelque sorte de par nos fonctions, les fiduciaires et les gardiens. Et nous devons expliquer ce système pour que les citoyens puissent le comprendre. »

Pour ma part, c'est la lecture de ce discours qui m'a le plus inquiété quant à l'état de notre démocratie. On y constate que certains juges – il y a évidemment de nombreuses et notables exceptions – défendent une conception pour le moins étroite de la démocratie, qu'ils associent trop souvent à leurs propres décisions. Y aurait-il des citoyens plus citoyens que les autres, investis qu'ils seraient d'une mission de vulgarisation de ce qu'est réellement la démocratie? Cela n'est pas sans rappeler l'attitude d'autres acteurs de ce conflit, qui ont présenté leur position politique comme la seule option rationnelle et légitime.

Cela a de quoi nous alarmer, bien plus, en tout cas, qu'une foule de citoyens issus de la classe moyenne qui frappent sur des casseroles avec des cuillères en bois, même s'ils chantent qu'ils se câlissent d'une loi.

# CHAPITRE 11

## TOUT ÇA POUR ÇA ?

> Good bye farewell !
> *Quand nous reviendrons*
> *nous aurons à dos le passé*
> *Et à force d'avoir pris en haine*
> *toutes les servitudes*
> *Nous serons les bêtes féroces de l'espoir.*
>
> Gaston MIRON

Victoire ? Défaite ? Match nul ? Les citoyens qui se sont mobilisés lors du printemps 2012 se posent obstinément la question du résultat de leurs efforts. On me la pose encore souvent dans la rue. Et si nous avions fait tout ça pour rien ? Ces doutes sont légitimes : près d'un an après la grève, on a la désagréable impression que peu de choses ont changé au Québec. Les élections déclenchées par Jean Charest auront manifestement réussi à remettre le couvercle sur la marmite, et leur issue n'a pas soulevé de grandes espérances. Plusieurs personnes ressortent de cette grève écorchées, habitées du sentiment que tout cela n'aura été qu'une éclaircie dans une époque sombre. Le printemps n'aurait-il été qu'un accident de parcours ? La révolte d'une poignée de marginaux bruyants? «La lutte politique, m'a un jour raconté un vieux syndicaliste, c'est pas une *game* de hockey. Y'a pas de moment où la sirène sonne pis tu peux t'dire: "Ok, c'est fini, on a gagné!" Non. C'est jamais clair, c'est toujours à refaire, mais c'est d'même qu'on avance.» Les luttes sociales, surtout les plus longues d'entre elles, se terminent en effet rarement par des triomphes, et notre grève n'aura pas fait exception à cette règle.

Pendant des mois, les libéraux se sont lancés dans une surenchère de répression pour venir à bout de la mobilisation, pour casser l'opposition, tant celle-ci était vigoureuse. À la fin, il ne restait qu'une carte dans leur jeu, et ils ont bien failli remporter la mise en l'abattant. En août, Jean Charest déclenchait des élections générales. Pour le mouvement étudiant, il s'agissait d'une première: nous avions fait tomber un gouvernement, ou tout au moins nous avions contribué grandement à le faire sortir. Mais nous courions le risque que cette victoire ne soit qu'un leurre et que la grève permette à Jean Charest d'être reporté au pouvoir.

En raison du déclenchement des élections, les libéraux devaient bien s'en douter, la CLASSE s'est déchirée comme jamais auparavant. Encore aujourd'hui, l'évocation de ces débats suffit à faire éclater de colère bien des militants qui gravitaient à l'époque dans la nébuleuse étudiante. Le congrès de la coalition se retrouvait dans l'embarras. La plupart des mandats de grève des associations étudiantes dataient de plusieurs mois et l'été n'est pas un bon moment pour rassembler les étudiants. Par ailleurs, le débat électoral a toujours divisé les syndicats étudiants plus militants, nous le savions. Dans l'impossibilité de consulter les assemblées générales, le congrès a adopté une position extrêmement timide : aucun mot d'ordre ne serait lancé quant à la poursuite de la grève, et la coalition resterait neutre sur la question des « choix électoraux ». Cela voulait dire deux choses. Premièrement, que la CLASSE n'appellerait ni à la poursuite ni à la fin de la grève lors des assemblées générales de début août. Deuxièmement, que la CLASSE ne donnerait à ses membres aucune directive électorale : ni appel au vote, ni appel à l'abstention et encore moins appel pour ou contre un parti en particulier. Cette position était avantageuse du point de vue de l'organisation, car elle évitait de trancher un débat qui, autrement, aurait mené à l'éclatement de la coalition. Elle s'est toutefois révélée maladroite dans l'espace public. Personne n'a vraiment su ce que voulait la CLASSE, pas même ses membres. Ce qui était normal, puisque le congrès de la CLASSE avait décidé de ne pas prendre position. Du moins dans un premier temps, puisque lors du congrès suivant, la CLASSE a dû changer son fusil d'épaule et recommander la poursuite de la grève malgré les élections. Les assemblées générales étudiantes, quant à elles, ont été beaucoup plus univoques lorsqu'elles ont eu la chance de se prononcer. Sans tergiverser, elles ont quasi unanimement voté le retour en classe.

C'est dans ce contexte que j'ai décidé, au début du mois d'août 2012, de remettre ma démission comme porte-parole de la CLASSE. Défendre publiquement la poursuite de la grève malgré les élections, alors que je savais pertinemment que les assemblées n'avaient pas été consultées depuis des mois, tout cela me mettait profondément mal à l'aise. Il y a toujours eu un léger écart entre mes positions personnelles et celles de l'organisation que je représentais. Cela était normal et même sain, j'étais un des porte-parole et non le chef. Cette fois, l'écart était trop grand. Je devais partir. De plus, la fatigue s'accumulait depuis des mois, et j'avais le sentiment d'être utilisé par les libéraux, car tout le monde s'attendait à ce que Jean Charest brandisse le spectre des carrés rouges et de « Gabriel Nadeau-Dubois » pour gagner ses élections. Je ne pouvais me résoudre à jouer ce rôle.

On connaît la suite : les libéraux ont été défaits, et les péquistes se sont hissés de peine et de misère au pouvoir. Rapidement, la hausse des frais de scolarité et la loi spéciale ont été abrogées. Les deux revendications principales du mouvement de grève étaient satisfaites. Cela n'a cependant pas suffi à clore les débats : une bonne partie du noyau le plus militant de la coalition, pour qui la grève avait fait naître l'espoir d'une transformation sociale plus profonde, hésite encore – et cela est en quelque sorte justifié – à qualifier la grève de victoire. Mais sachant que les libéraux étaient résolus à ne jamais reculer devant le mouvement étudiant, nous aurions difficilement pu espérer mieux comme dénouement. À court terme, qu'aurions-nous pu gagner de plus que l'annulation de la hausse et la mise au rancart des libéraux ? L'indexation des frais de scolarité sur laquelle le gouvernement Marois s'est rabattu repose sur les fondements idéologiques de la hausse libérale, mais elle n'a pas les mêmes effets sur l'accessibilité aux études, et ce, même à long terme, puisque le plan de financement libéral comprenait une indexation des frais à partir de 2017, dernière année de la hausse quinquennale de 1 625 $. La grève étudiante aura donc permis à des milliers de jeunes Québécois d'accéder à l'université. Même si le mouvement citoyen a formulé des revendications plus larges, il ne faut pas oublier que c'est cette hausse qui a été à l'origine de la mobilisation. Elle a été abolie. Ce n'est pas le Pérou, mais ce n'est pas non plus un détail.

La déception se situe également à un autre niveau. Le gouvernement péquiste qui a succédé à celui de Jean Charest n'a pas, à ce jour, infléchi les grandes orientations de la société québécoise. Rien n'indique non plus qu'il le fera dans un avenir rapproché. Le sempiternel objectif du « déficit zéro » trône toujours au sommet de la liste des priorités, au détriment du financement et de l'accessibilité des services publics. Les timides réformes fiscales promises par le PQ ont été rapidement abandonnées ou diluées, à cause des protestations du milieu des affaires qui, lui, n'a pas eu à faire la grève pour se faire entendre. Une petite grimace, un peu « d'angoisse fiscale » et quelques communiqués de presse auront suffi pour que le gouvernement recule. Sur le plan environnemental, c'est à peine plus reluisant. L'adoption d'un moratoire sur le gaz de schiste est réjouissante, la loi sur les mines a une ou deux dents, mais pour le reste, c'est *business as usual*. On a effectivement l'impression d'un retour à la case départ : tout ça pour ça ?

Ce n'est pas la première fois dans notre histoire que des mobilisations de masse donnent de timides résultats à court terme. Le front commun syndical de 1972 et la réaction populaire qui a suivi l'emprisonnement de ses leaders[1], pour ne citer que cet exemple, n'a pas bouleversé l'ordre des choses. Bien au contraire. Malgré une victoire syndicale sur la revendication principale de la grève, en octobre 1973, le Parti libéral de Robert Bourassa obtenait la plus grande majorité parlementaire de l'histoire du Québec, avec 102 sièges sur 110. On peut imaginer la déception de ceux qui espéraient un changement de gouvernement. À plus forte raison lorsqu'on sait que la mobilisation de 1972 avait été précédée de l'ébullition d'octobre 1970. Mais l'histoire n'avait pas dit son dernier mot : trois ans après la victoire éclatante de Bourassa, le jeune PQ de René Lévesque était porté au pouvoir. Il aura donc fallu plusieurs années pour que la mobilisation populaire des mouvements sociaux se traduise par un renouveau électoral.

Cela dit, les déceptions et les plaies ouvertes de la grève ne peuvent être réduites à des enjeux

---

1. En 1972, les trois grandes centrales syndicales de la province ont formé un front commun face au gouvernement lors des négociations du secteur public. La revendication centrale était simple et percutante, un peu à l'image de celle du printemps 2012 : un salaire minimum de 100 $ par semaine. Cette idée de Marcel Pepin, président de la CSN, d'abord jugée irréaliste, avait fini par rassembler les grévistes. Le conflit a été pénible et a culminé dans l'adoption d'une loi spéciale. Les trois leaders syndicaux ont été emprisonnés pour outrage au tribunal. En réaction, des manifestations populaires ont surgi un peu partout sur le territoire québécois, tournant souvent à l'émeute.

électoraux. Une telle passion politique, lorsqu'elle s'éteint, crée un vide. Les raisons de s'inquiéter et de se battre, à commencer par le désastre écologique qu'engendre la dynamique du capitalisme, ne sont pas moins nombreuses aujourd'hui. Or, les rues sont tranquilles. Faut-il désespérer? Je n'en suis pas si sûr. Il ne faut pas s'alarmer si les fruits du printemps n'ont pas été récoltés dès l'automne suivant. Et si on regarde bien, on voit les centaines de milliers de personnes qui se sont mobilisées en 2012 agir quotidiennement au sein de la société. Des jeunes et des moins jeunes qui ont repris goût en la chose publique, et pour qui l'engagement a dorénavant une signification concrète. Avec un peu de chance, ces gens continueront à s'impliquer. Nous sommes une petite société : les centaines de milliers de personnes qui ont manifesté à Montréal au printemps, sans compter ceux qui appuyaient le mouvement sans pouvoir descendre dans la rue, auront forcément des répercussions sur l'ensemble de la société. La grève étudiante nous a montré qu'il existe encore des gens dans ce pays qui sont attachés à une autre idée du Québec et d'eux-mêmes. Il y a des étudiants qui aspirent à autre chose que de faire de l'argent, des professeurs qui ont le souci de la culture, des travailleurs qui ont encore le sens du bel ouvrage ou du service à la collectivité, des scientifiques qui s'intéressent encore à ce qu'est la vie, des musiciens et des artistes qui réinventent notre culture, des militants qui défendent les solidarités qui permettent au Québec d'être ce qu'il est.

Il faudra encore quelques années pour que ce qui a commencé au printemps 2012 aboutisse à quelque chose. Cela est certes frustrant, mais l'empressement n'est pas un argument : les sociétés changent tranquillement, et même les grands bouleversements sont toujours le résultat d'un long travail de l'histoire. L'engagement exige de la patience. C'est une course de fond, pas un sprint. Gilles Vigneault m'a un jour expliqué cela à sa manière : « Quand j'ai commencé à faire de la chanson, les gens étaient très discrets dans les spectacles. De nos jours, ils chantent, ils sifflent, ils crient, ils applaudissent. Les gens veulent faire partie du spectacle, Gabriel. Ce n'est pas toujours facile pour un chanteur, mais c'est un merveilleux avantage pour le Québec : ils manifestent de plus en plus. Les choses changent lentement, mais les choses changent. » Je le crois sur parole.

Les militants de la grève n'ont pas surgi de nulle part. Depuis la vague altermondialiste du début des années 2000, on assiste au Québec à une consolidation de l'opposition aux politiques économiques et sociales de droite. Le printemps 2012 doit être compris comme une étape de ce processus : du Sommet des Amériques (2001) à la fondation de Québec solidaire (2006), de la fondation de l'Institut de recherche et d'information socioéconomique (2001) à la grève étudiante de 2005, en passant par la mobilisation contre les gaz de schiste (2010), un autre Québec est en marche depuis un certain temps déjà. La route que nous suivons est longue, et il se peut même qu'à l'instar des chemins forestiers, elle ne mène nulle part. Une chose est certaine toutefois : si on reste sur le bord du chemin, on n'ira pas loin.

Une jeune militante autochtone du mouvement Idle No More me parlait de la mobilisation comme d'une vague. On la voit et on l'entend lorsqu'elle frappe la berge, puis on a l'impression qu'elle repart aussi rapidement et qu'elle ne laisse rien derrière elle. Ce qu'on oublie trop souvent, c'est qu'une nouvelle vague lui succède immanquablement, et qu'elle provient toujours du même océan. Ce qui nous apparaît comme deux vagues successives et séparées est en fait le fruit d'un seul et même mouvement continu. Lentement mais inexorablement, l'érosion fait son travail. Si la vague des carrés rouges a semblé se retirer rapidement et laisser peu de traces derrière elle, ce n'est que pour mieux revenir.

# ÉPILOGUE

*Nous portons en nous un feu de foyer et du bois de poêle pour lutter contre la grande noirceur des idées individualistes chauffées au charbon. Nous sommes un boisé touffu; une sève sucrée nous coule par le corps fier, le corps enraciné comme un chêne, cet arbre qui a vu Radisson, Donnacona, qui a vu l'homme qui a vu l'homme qui a vu l'ours. C't'histoire-là est pas arrivée à l'ami de l'ami d'un cousin, c'est not' histoire tricotée serré avec de la laine d'outarde, histoire braquée sur le devenir ensemble, quelque chose comme le début d'une fin dans un pays qui a eu chaud longtemps, qui a eu peur pour sa peau, mais qui cette fois reprend le large avec tout sauf une allure de porte-ordure.*

Fermaille TREMBLAY

Nous avons tous nos théories sur le sens à donner aux événements dont il a été question ici, et il est probable qu'aucun d'entre nous ne puisse prétendre connaître le fin mot de l'histoire. Mais nous parlons tous de la même chose, ce qui n'est déjà pas peu dire. On a beaucoup parlé de polarisation, mais les divisions et les affrontements ont paradoxalement rapproché les gens. De gré ou de force, nos désaccords nous ont rappelé que nous formions un peuple, et qu'il y a des choix qu'on ne peut faire autrement qu'ensemble. Le sociologue Gilles Gagné m'a un jour fait remarquer que la plupart des grands moments de tension qui traversent l'histoire du Québec ont été désamorcés de l'extérieur. La grève étudiante de 2012 fait partie de ces rares crises politiques qui ne se sont pas soldées par une intervention fédérale ou britannique. Que ce soit Octobre 1970 ou Oka, que l'on pense aux révoltes patriotes ou aux crises de la conscription, c'est toujours l'armée ou le gouvernement fédéral qui sont venus fermer les livres. La vive émotion que le printemps érable a fait naître découle en outre du fait que le Québec s'y est révélé comme une société mature. Dans ce débat sur notre avenir collectif, peut-être avons-nous découvert avec stupéfaction ce que signifiait être un peuple souverain?

La défense de l'éducation au Québec est en soi une lutte culturelle, une de ces luttes qui ont toujours une portée existentielle en ce pays. Depuis 50 ans, les universités publiques sont un des leviers que nous nous sommes donnés pour assurer que la culture francophone en Amérique du Nord demeure vivante. La transformation actuelle des universités à laquelle participent les hausses des frais de scolarité montre que ces établissements pourraient renoncer à assumer ce rôle au sein de la société. On assiste en ce moment à la dénationalisation des institutions publiques à coups de politiques néolibérales. Dans certains pays comme les États-Unis, de telles politiques épargnent plus ou moins la culture commune, mais pas au Québec.

Depuis la Révolution tranquille, on ne peut plus se rassurer par des vœux pieux, en espérant comme jadis que la foi protègera la langue française. On sait désormais que notre destin et notre culture ne dépendent pas des cieux et ne logent pas dans un crucifix, mais qu'ils sont attachés aux institutions politiques et économiques de notre société. Renoncer à celles-ci, ce serait renoncer à nous-mêmes, et c'est la raison pour laquelle les politiques de droite peinent à s'enraciner le long du Saint-Laurent. Ce n'est pas un hasard si les luttes contre la dépossession des ressources naturelles et les gaz de schiste se sont si aisément intégrées au tumulte de la grève étudiante. Ce n'est pas pour rien qu'on a entendu et lu la poésie de Gaston Miron dans les rues pendant les manifestations. Toutes ces choses sont liées. N'en déplaise aux membres des franges plus radicales du mouvement, je crois que notre printemps allait au-delà d'une confrontation traditionnelle entre la gauche et la droite. Il était l'expression d'un attachement à un modèle de société qui fonde notre identité commune et à travers lequel nous espérons encore exister en tant que culture distincte. La crainte que la Charte des droits de Trudeau nous vole Noël ou que le multiculturalisme nous oblige à jouer au soccer avec des coéquipiers enturbannés, toutes ces bêtises me paraissent en comparaison de bien médiocres fondements pour notre identité commune.

Le PQ, élu au terme de la grève étudiante, a de toute évidence été incapable de saisir l'occasion qui lui avait été présentée. Porté au pouvoir, il a vite enfilé ses vieilles pantoufles et il s'est mis à gérer la province avec l'esprit de boutiquier qui l'anime depuis que Lucien Bouchard en a été le chef. Voilà qui montre à quel point nous sommes enfermés dans la logique de l'adaptation et de la soumission gestionnaire. Apparemment, nous n'avons plus de rêves de liberté et de justice, nous avons des états de compte et des factures. Nos élites ont développé, semble-t-il, un désir obsessionnel de plaire aux États-Unis et aux grandes institutions financières plutôt que de servir le peuple du Québec, et cela se voit à la façon dont elles traitent bien sûr nos universités mais, plus encore, à la façon dont elles traitent le territoire, la culture. On le voit dans leur façon de mépriser notre intelligence pour nous soutirer des votes tous les quatre ans, avant de nous renvoyer au silence.

Il n'y a rien de bon pour le Québec dans l'adaptation servile à la globalisation économique. Depuis trop longtemps on cherche à nous imposer un modèle de société dont on voit partout aujourd'hui les conséquences désastreuses. On a trop longtemps essayé de nous faire croire qu'être indépendant voulait dire rejoindre le cercle des pays qui obtempèrent passivement aux injonctions des agences de notation. « La souveraineté est indivisible », rappelait le sociologue Marcel Rioux : nous ne serons souverains que lorsque nous le serons à la fois politiquement, culturellement et économiquement. Autonomie politique, démocratie économique, autonomie culturelle, gratuité scolaire, c'est cet héritage qui nous provient de la Révolution tranquille qu'il nous faut conserver, pour mieux le renouveler. En ce sens, s'il y a une leçon à retenir du printemps 2012, c'est qu'il faut de toute urgence rompre avec l'élite politique actuelle qui, comme l'a souligné Pierre Vadeboncoeur dans *Les grands imbéciles*[1], est en train de remettre au goût du jour les « nullités d'antan ».

De toutes les rencontres qu'il m'a été donné de faire pendant cette grève, une m'a particulièrement marqué et illustre bien ce que je tente d'expliquer. Pendant la manifestation du 22 mai, une jeune fille d'environ 18 ans s'approche de moi et me tend la main. Elle me regarde droit dans les yeux et dit : « Merci, Gabriel. Merci à vous tous. Vous avez fait de ma mère une Québécoise ! » Je lui souris un peu machinalement, mais rapidement ce qu'elle me raconte capte mon attention : « Ça fait quatre ans qu'on est au Québec, ma mère et moi, mais ma mère n'avait jamais vraiment quitté notre pays : elle ne lisait que les journaux libanais, ne regardait que la télévision libanaise. Dans sa tête, ce qui se passait au Québec, ce n'était pas de ses affaires, ça ne la concernait pas. Et puis elle n'y comprenait rien de toute façon. » Puis, les yeux brillants, elle m'explique que le conflit étudiant a tout changé : « Ma sœur et moi, on portait le carré rouge et on allait manifester tous les soirs. Elle n'a pas vraiment eu le choix de s'intéresser à ce qui se passait. » Elle ajoute que, peu à peu, sa mère s'est mise à lire et à écouter presque frénétiquement tout ce qui s'écrivait et se disait au sujet de la grève étudiante. Que chaque soir, elle assaillait ses filles de questions sur l'évolution du mouvement : dates

---

1. Pierre Vadeboncoeur, *Les grands imbéciles*, Montréal, Lux, 2008.

d'assemblées, décisions du congrès de la CLASSE, elle voulait tout savoir. Puis, un soir, après une discussion animée sur le sujet, elle s'est écriée : « Mais c'est pas ça qu'on veut ! Nous, au Québec, on veut une éducation accessible ! » La jeune fille me regarde droit dans les yeux, radieuse : « "Nous, au Québec" ! J'avais jamais entendu ma mère dire un truc comme ça... La grève l'a rendue québécoise. »

Au printemps 2012, nous avons marché vent debout, à l'envers du temps, et c'est vers nous que nous allions.

*Saint-Antoine-de-Pontbriand, juin 2013*

## REMERCIEMENTS

Mes premiers remerciements vont à mes ex-collègues de l'exécutif de la CLASSE, Jean-Michel Thériault, Élise Carrier-Martin, Philippe Éthier, Guillaume Legault, Philippe Lapointe, Maxime Larue et Guillaume Vézina. L'une des raisons du succès de cette grande et belle grève fut sans aucun doute son équipe nationale solide et expérimentée, en premier lieu son exécutif. Cela n'a pas été assez mentionné, surtout à l'intérieur du mouvement étudiant. Merci à vous, chers amis. Merci pour la complicité et la patience. Merci de votre confiance, qu'à plusieurs reprises je n'ai pas méritée. Merci de m'avoir appuyé et défendu dans les moments sombres, de m'avoir remis à ma place quand je le méritais et d'avoir été exigeant lorsque cela était nécessaire. J'oublierai la longueur de nos réunions et j'oublierai nos engueulades, mais je n'oublierai jamais la fierté d'avoir été à vos côtés lors de cette première grande bataille de notre génération. Merci à Jeanne, pour avoir partagé avec moi un poste difficile et ingrat.

Merci à Renaud, mon *spin*, mon ami, mon frère. Je n'aurais jamais survécu à cette grève sans toi. Merci à Cloé, pour la présence, l'écoute et la compréhension dans mes moments de doute, de colère,

211

de peine et d'épuisement. Merci à Gabrielle, Anne-Marie, Keena, Julien, Benoît et Joëlle, coéquipiers dans tous mes mauvais coups, mes camarades dans la lutte comme dans l'ivresse. Merci à Arnaud, mon fidèle ami depuis si longtemps, qui me rappelle quand il le faut l'importance d'être présent au monde et avec ceux que j'aime. Merci à Rico, l'ami et le mentor, grand amoureux du Québec et de son peuple, pour sa verve, ses conseils et sa reconnaissance. Merci à Simon, pour les conseils qui m'ont si souvent sorti du pétrin. Merci à Christian, pour l'espoir. Merci à Évelyn, Étienne et Gabrielle, qui ont répondu avec tant de générosité lorsque j'ai lancé mon appel à tous. Merci à Marie-Claude, Frédéric, Léda, Jean-Philippe et Jean-Sébastien, pour les interminables soirées de *brainstorm* au Bistro afin trouver un titre à ce livre.

Merci à Keena et Julia, pour l'aide à la recherche. Merci à Alexandre, pour la relecture. Finalement, merci à Mark, mon guide dans cette première aventure livresque périlleuse et libératrice, pour avoir trouvé les mots quand je bégayais.

# CHRONOLOGIE[1]

## Février 2012

7 février : premier vote de grève au Collège de Valleyfield. Résultat serré : 460 voix pour, 448 contre, 1 abstention.

13 février : on atteint le plancher de 20 000 étudiants provenant de 7 associations et d'au moins 3 campus distincts. La grève commence.

14 février : 11 000 étudiants de l'UQAM et de l'Université Laval déclenchent une grève générale illimitée.

16 février : Lise Payette parle du « printemps québécois » dans sa chronique du *Devoir*.

20 février : 132 000 étudiants sont en grève. Le Mouvement des étudiants socialement responsables du Québec, opposé à la grève, fait son apparition dans les médias. Le carré vert sera leur symbole, en opposition au carré rouge que portent les grévistes.

---

1. Tiré de Maude Bonenfant, Anthony Glinoer et Martine-Emmanuelle Lapointe, *Le printemps québécois. Une anthologie*, Montréal, Écosociété, 2012.

## Mars

1$^{er}$ mars : la ministre de l'Éducation Line Beauchamp déclare : « La décision est prise. »

1$^{er}$ mars : entre 3 000 et 8 000 étudiants manifestent devant le parlement à Québec, la police les disperse avec des gaz lacrymogènes.

5 mars : 125 000 étudiants sont en grève.

15 mars : la manifestation annuelle contre la brutalité policière rassemble 4 000 à 5 000 personnes à Montréal. La police arrête 226 personnes.

18 mars : une manifestation familiale en appui au mouvement étudiant, organisée par la CLASSE, rassemble près de 30 000 personnes à Montréal.

22 mars : point culminant de la grève : 305 000 étudiants, sur une population de 400 000 étudiants, sont en grève. Plus de 300 000 personnes manifestent à Montréal dans un esprit festif.

22 mars : la Commission scolaire de Montréal (CSDM) appuie les étudiants.

27 mars : environ 500 personnes, selon Radio-Canada, étudiants et travailleurs de Rio Tinto Alcan en lockout, manifestent à Alma.

## Avril

3 avril : l'étudiant Laurent Proulx obtient une injonction pour assister à son cours d'anthropologie à l'Université Laval.

4 avril : 199 000 étudiants sont en grève.

6 avril : l'UQAC obtient une injonction provisoire qui interdit aux étudiants de manifester à moins de 25 mètres de l'établissement.

11 avril : le premier ministre Jean Charest dénonce «l'intimidation» exercée par les étudiants. Il compare le climat des assemblées générales étudiantes à celui qui règne dans l'industrie de la construction.

12 avril : des étudiants du Collège de Valleyfield forcent la levée des cours malgré l'opposition de la direction au vote de grève. Dans une lettre aux journaux, plus de 500 professeurs d'université appuient les étudiants en grève.

13 avril : Jean-François Morasse, étudiant en arts visuels à l'Université Laval, obtient une injonction pour accéder à ses cours.

14 avril : une manifestation familiale sous le thème «Pour un printemps québécois» rassemble 40 000 personnes à Montréal.

22 avril : à Montréal, entre 150 000 et 300 000 personnes descendent dans la rue à l'occasion du jour de la Terre.

23 avril : 185 000 étudiants sont en grève.

24 avril : Line Beauchamp exige une trêve pendant les négociations qui vont débuter. Première manifestation nocturne. Une centaine d'autres suivront.

## Mai

3 mai : Pauline Marois annonce que si elle devient première ministre, elle limitera la hausse des droits de scolarité à une indexation au coût de la vie.

4 mai : le gouvernement convoque les syndicats étudiants, les recteurs, les syndicats des professeurs et la Fédération des cégeps pour une ronde de négociations.

4 mai : la manifestation de Victoriaville, pendant le congrès du Parti libéral du Québec, rassemble environ 2 000 personnes. Elle tourne rapidement à l'affrontement avec la SQ, 12 personnes sont blessées, dont 2 grièvement : Alexandre Allard souffre d'un traumatisme crânien et Maxence L. Valade perd l'usage d'un œil.

5 mai : après 22 heures de négociations, une entente de principe est signée. Celle-ci ne touche pas à la hausse des droits de scolarité, mais en modère l'effet par des mesures administratives. Elle sera massivement rejetée par les associations étudiantes.

14 mai : Line Beauchamp annonce sa démission. Michèle Courchesne lui succède au poste de ministre de l'Éducation. La nouvelle ministre convoque les étudiants à une rencontre.

14 mai : le juge en chef de la Cour supérieure, François Rolland, déclare que le non-respect des injonctions « mine la crédibilité du système judiciaire ».

15 mai : l'escouade antiémeute de la SQ intervient au Collège Lionel-Groulx pour déloger des manifestants qui protestent contre l'injonction en bloquant les portes de l'établissement. Yves Marcotte, directeur des communications du collège, déclare : « Nous venons de faire la preuve, devant tout le Québec, que l'injonction n'est pas une bonne façon de faire pour assurer le retour en classe. »

15 mai : Gabriel Nadeau-Dubois est visé par une plainte pour outrage au tribunal.

17 mai : Jean Charest dépose le projet de loi 78, intitulé Loi permettant aux étudiants de recevoir l'enseignement dispensé par les établissements de niveau postsecondaire qu'ils fréquentent. Cette loi prévoit la suspension du trimestre pour les cégeps et les universités touchés par la grève, de très lourdes amendes pour les manifestants, en même temps qu'elle restreint le droit de manifester.

18 mai : plus de 10 000 personnes participent à la 25e manifestation nocturne, en outre pour contester la loi spéciale.

19 mai : en réaction à la loi spéciale, des citoyens descendent dans la rue tous les soirs à 20 heures pour participer à des manifestations de casseroles.

21 mai : la CLASSE annonce qu'elle entend désobéir à loi spéciale.

22 mai : grande manifestation qui souligne le 100e jour de la grève. Entre 200 000 et 250 000 personnes marchent dans les rues de Montréal, selon Radio-Canada.

25 mai: le mouvement des casseroles s'étend à l'ensemble du Québec.

28 mai: à Montréal, 500 juristes en toge manifestent au centre-ville pour dénoncer la loi spéciale. Le 29 mai, le ministre des Transports, Pierre Moreau, souhaite que l'organisateur de cette manifestation, Me François Desroches-Lapointe, juriste à la SAAQ, soit sanctionné par l'État.

28 mai: reprise des négociations avec le gouvernement.

31 mai: les négociations sont rompues.

## Juin

8 juin: Laurent Proulx abandonne le cours d'anthropologie pour lequel il avait obtenu une injonction.

22 juin: grande manifestation du 22, entre 3 000 et 5 000 personnes manifestent à Québec, des dizaines de milliers de personnes manifestent à Montréal.

## Juillet

13 juillet: la CLASSE publie son manifeste *Nous sommes avenir* et se lance dans une tournée au Québec pour expliquer à la population ses positions.

20 juillet: le maire de Trois-Pistoles menace de retirer les subventions de l'Échofête si Gabriel Nadeau-Dubois y participe.

**Août**

1er août : Jean Charest annonce que des élections générales se tiendront le 4 septembre.

8 août : les étudiants du Collège de Valleyfield décident de mettre fin à la grève.

9 août : Gabriel Nadeau-Dubois annonce sa démission comme porte-parole de la CLASSE.

19 août : débat des chefs de la campagne électorale. Les candidats accomplissent le tour de force de n'évoquer que du bout des lèvres la plus grande crise politique qu'ait connue le Québec dans les 40 dernières années.

**Septembre**

4 septembre : élection d'un gouvernement minoritaire du PQ. Jean Charest est battu dans son comté.

27 octobre : Pauline Marois et Pierre Duchesne remettent en question le sous-financement des universités.

**Novembre**

3 novembre : Gabriel Nadeau-Dubois est déclaré coupable d'outrage au tribunal.

3 novembre : la CLASSE est dissoute.

# TABLE